CINCO MINUTOS COM DEUS
e
Pe. Zezinho, scj

CINCO MINUTOS COM DEUS E...

• *Abbé Pierre* – Alessandro Berello

• *Irmã Dulce* – Luzia M. de Oliveira Sena

• *João Paulo II* – Maurizio Scagliotti

• *Madre Teresa* – Roberta Belinzaghi

• *Papa Francisco* – Luzia M. de Oliveira Sena

• *Pe. Zezinho* – Luzia M. de Oliveira Sena

• *Raniero Cantalamessa* – Dario Gallon

• *Santa Teresinha* – Luzia M. de Oliveira Sena

• *Tiago Alberione* – Luzia M. de Oliveira Sena

CINCO MINUTOS COM DEUS
e
Pe. Zezinho, scj

Luzia Sena (org.)

Dados Internacionais de Catalogação na Publicação (CIP)
(Câmara Brasileira do Livro, SP, Brasil)

Cinco minutos com Deus e Pe. Zezinho / Luzia Sena – São Paulo :
Paulinas, 2014. – (Coleção cinco minutos com Deus)

ISBN 978-85-356-3795-3

1. Palavra de Deus (Teologia) 2. Fé 3. Oração 4. Padres - Vida
religiosa 5. Vida cristã 6. Zezinho, Padre I. Sena, Luzia. II. Série.

14-02224   CDD-231

Índice para catálogo sistemático:
1. Deus : Teologia cristã   231

1ª edição – 2014
3ª reimpressão – 2021

Citações bíblicas: *Bíblia Sagrada*. Tradução da CNBB. 7. ed., 2008.
Textos do Papa Francisco reproduzidos com autorização da Libreria Editrice Vaticana, © 2014

Direção-geral: *Bernadete Boff*
Editora responsável: *Andréia Schweitzer*
Copidesque: *Ana Cecilia Mari*
Coordenação de revisão: *Marina Mendonça*
Revisão: *Patrícia Hels*
Gerente de produção: *Felício Calegaro Neto*
Projeto gráfico: *Manuel Rebelato Miramontes*
Editoração eletrônica: *Jéssica Diniz Souza*

*Nenhuma parte desta obra poderá ser reproduzida ou transmitida
por qualquer forma e/ou quaisquer meios (eletrônico ou mecânico,
incluindo fotocópia e gravação) ou arquivada em qualquer sistema ou
banco de dados sem permissão escrita da Editora. Direitos reservados.*

Paulinas

Rua Dona Inácia Uchoa, 62
04110-020 – São Paulo – SP (Brasil)
Tel.: (11) 2125-3500
http://www.paulinas.com.br – editora@paulinas.com.br
Telemarketing e SAC: 0800-7010081

© Pia Sociedade Filhas de São Paulo – São Paulo, 2014

Introdução

Por escutar uma voz que disse: "Vai falar no meu amor, vai profetizar!", há mais de cinco décadas, Pe. Zezinho, scj, dedica-se inteiramente ao anúncio da vida e da mensagem de um certo Galileu: e o seu nome é Jesus de Nazaré, que andou pelas aldeias semeando mil ideias, convertendo pecadores... E a quem quer saber mais e indaga quem é esse Jesus ele acrescenta: "É aquele que com palavras decididas transformou milhões de vidas... Por causa dele nova História foi escrita. Morreu por todos nós, mas o seu testemunho foi tão forte que venceu até a morte ao vencer a dor da cruz. Vitorioso ressuscitou! Está junto do Pai... mas vive também em cada lar e onde se encontrar um coração fraterno. Ele é o Deus conosco. É o Cristo, a razão da nossa fé".

Com Jesus, Maria de Nazaré esteve também presente na vida de Pe. Zezinho, scj, desde a sua infância, quando ainda pequeno, à noite, ao pé da cama juntava as mãozinhas e rezava apressado, mas rezava como alguém que ama: "Ave, Maria, Mãe de Jesus...". Depois foi crescendo, e Maria de Nazaré o cativou, fez mais forte a sua fé e por filho o adotou. E o fez perceber que o seu olhar e amor de mãe se estendem para os povos oprimidos da América Latina, dos quais ela assume a cor, igual à cor de tantas raças, tornando-se a Mãe do Céu Morena.

Vida iluminada e iluminadora, reza para que nenhuma família comece em qualquer de repente, que nenhuma família termine por falta de amor; que os filhos aprendam no colo o sentido da vida e que nada no mundo separe um casal sonhador. E pede ao Senhor que abençoe as famílias, e também os amigos e as amigas, as crianças, os pobres, os que não creem. Lembra ainda os milhões de irmãos e irmãs de outras religiões, reconhecendo que pensamos diferente, louvamos diferente, oramos diferente, mas numa coisa nós somos iguais: buscamos o mesmo Deus, amamos o mesmo Pai, queremos o mesmo céu, choramos os mesmos ais. E, sereno e forte, tem a coragem de sonhar que, um dia talvez, quem sabe, descobriremos que somos iguais.

Levando no peito uma cruz e no coração o que disse Jesus, Pe. Zezinho, scj, percorre as estradas da vida levando socorro a quem precisa, fazendo ecoar através de seus escritos, de suas canções, de sua voz, a mensagem do Reino anunciado por Jesus de Nazaré, procurando dizer a palavra certa, na hora certa e do jeito certo para a pessoa certa... Sempre pensando em Deus e no amor, a quem lhe pergunta: "O que é preciso para ser feliz?", indica o caminho da felicidade: "Amar como Jesus amou, sonhar como Jesus sonhou, pensar como Jesus pensou, viver como Jesus viveu, sentir como Jesus sentia, sorrir como Jesus sorria...".

Nas reviravoltas que o mundo dá, nas idas e vindas que a vida tem, esse cidadão do infinito, cheio de paz inquieta, segue cantando as histórias que Jesus contou, palavras que não passam, palavras que libertam, palavras poderosas que revelam o infinito porque brotam do coração de Deus.

Em cinquenta anos de missão, completados em 2014, Pe. Zezinho procurou semear a paz, falando de Deus por onde quer que fosse. Não aceitou condecorações por haver buscado um país irmão. Mas permaneceu fiel, manteve a fé. Por isso, pode afirmar: "Graças ao bom Deus eu nunca desisti... de crer e de esperar. Fiel permaneci sem desaminar. Eu tenho alguém por mim: Jesus de Nazaré!".

Luzia M. de Oliveira Sena, fsp

1

Palavras que não passam

Com toda sorte de preces e súplicas, orai constantemente no Espírito. Prestai vigilante atenção neste ponto, intercedendo por todos os santos. Orai também por mim, suplicando que a palavra seja colocada em minha boca, de maneira que eu possa anunciar abertamente o mistério do Evangelho, do qual, em minhas algemas, sou embaixador. Que eu o proclame com toda a ousadia, como é de meu dever.

(Carta aos Efésios 6,18-20)

Pedirei, com toda a humildade que puder recolher de mim, que me dês, como dom de tua misericórdia, a mim que sei que não mereço, a palavra certa, do jeito certo, na hora certa e para a pessoa certa! Assim terei certeza de que minhas palavras não passarão.

O que é mais importante: sei que minhas palavras ajudarão a curar, mesmo que tenham de ser exigentes, como as que nasciam de tua boca! Não sei dizer as coisas como se deve. Por isso, dai-me sabedoria para falar ou calar a minha boca. Mas que não seja por medo ou por dinheiro, nem por interesses pessoais, nem para perder aquele posto ou aquele aplauso; nunca por omissão!

2

Pedido de perdão

Se dissermos que não temos pecado, estamos enganando a nós mesmos, e a verdade não está em nós. Se reconhecemos nossos pecados, então Deus se mostra fiel e justo, para nos perdoar os pecados e nos purificar de toda injustiça. Se dissermos que nunca pecamos, fazemos dele um mentiroso e sua palavra não está em nós.

(Primeira Carta de João 1,8-10)

Tenho muito perdão a pedir. Não acerto sempre e sei que não acertarei em tudo. Preciso ser melhor como pessoa... Há os que já ofendi e não consegui ajudar. Confiei-os a Deus, pedindo a Deus que curasse as suas feridas. Há os que não ajudei, nem como ou quanto deveria; e há os que eu poderia ter levado para mais perto de Jesus e não o fiz como deveria.

Não tive sempre a palavra certa, do jeito certo e na hora certa. Não fiz o gesto certo, do jeito certo e na hora certa. Quero realmente servir a Deus com muito mais humildade e paz. Por isso, sou grato por sua palavra e promessa de orar por mim. Eu preciso! Terei que dividir com vocês qualquer prêmio que um dia eu ganhar no céu.

3

Felicidade é plenitude

*O Reino dos Céus é como um tesouro escondido num campo. Alguém
o encontra, deixa-o lá bem escondido e, cheio de alegria, vai vender todos
os seus bens e compra aquele campo. O Reino dos Céus é também como
um negociante que procura pérolas preciosas. Ao encontrar uma de grande valor, ele vai, vende todos os bens e compra aquela pérola.*

(Evangelho de Mateus 13,44-46)

A felicidade é razão de ser do ser humano. Todos estamos
infinitamente empenhados em achar a nossa pedra preciosa. Por isso garimpamos a vida inteira. Mas um dia a busca
chega ao fim. E não precisa ser necessariamente no dia de nossa
morte. Podemos parar antes. Basta entendermos o que significa
a palavra "suficiente".

As pessoas, em geral, buscam algo que não sabem definir,
mas que no fundo, e em qualquer língua, se escreve no coração
e se lê nos olhos. Os olhos dizem se o coração achou, ou não, a
felicidade. O comportamento também.

Há um brilho diferente no ser da pessoa feliz. É um ser humano adjetivado. Tem aquele algo mais, típico de quem se sente
pessoa e não coisa. Há uma sensação de suficiência, de satis-
fação. Daí a palavra "satisfeita". Acha-se suficientemente feita,
completa. Não falta mais nada para se proclamar pessoa. Pode
repetir o refrão do salmista: "O Senhor é meu pastor, não preciso de mais nada" (Sl 23,1).

4

Prazer e felicidade

Como filhos obedientes, não moldeis a vossa vida de acordo com as paixões de antigamente, do tempo de vossa ignorância. Antes, como é santo aquele que vos chamou, tornai-vos santos, também vós, em todo o vosso proceder.

Amai-vos, pois, uns aos outros, de coração e com ardor. Nascestes de novo, não de uma semente corruptível, mas incorruptível, mediante a palavra de Deus, viva e permanente. Pois "toda carne é como erva, e toda a sua glória como a flor da erva; secou a erva, caiu-lhe a flor, mas a palavra do Senhor permanece para sempre".

(Primeira Carta de Pedro 1,14-15.22-25a)

Prazer não é sinônimo de felicidade e dizê-lo nunca é demais, ainda que se saiba. Em certos casos pode até ser, mas não necessariamente, nem para sempre. O prazer que traz felicidade no momento presente pode ser a causa da infelicidade de amanhã ou depois. Quem não pensa seriamente nessa realidade confunde as coisas e complica a vida. Prefere ser feliz agora, já, com o máximo de prazer possível. O depois fica para quando a pessoa tiver tempo e disposição de pensar.

Somos chamados a cultivar a felicidade como um todo, e não a viver apenas momentos felizes. Aliás, quem busca a felicidade do momento a qualquer preço, demonstra não saber o preço dela.

5

O Jesus que eu nunca vi

Deste modo, o quilate de vossa fé, que tem mais valor que o ouro testado no fogo, alcançará louvor, honra e glória, no dia da revelação de Jesus Cristo. Sem terdes visto o Senhor, vós o amais. Sem que agora o estejais vendo, credes nele. Isto será para vós fonte de alegria inefável e gloriosa, pois obtereis aquilo em que acreditais: a vossa salvação.

(Primeira Carta de Pedro 1,7-9)

Eu nunca vi e nem sequer tenho ideia das feições de Jesus. Creio nas palavras e promessas de um homem judeu de dois mil anos atrás, que alguns veem apenas como profeta e mártir, outros até ousam dizer que é um mito e que nunca existiu em pessoa, enquanto outros afirmam que ele era do céu. Faço parte dos que afirmam que ele existiu e era do céu, mas não sei que aparência ele tinha.

Se encontrasse Jesus Cristo na rua não o reconheceria, porque não faço ideia de como era seu rosto. Gostaria de tê-lo visto em ação naqueles dias. Pecador como sou, talvez seria um dos que não o aceitariam. Não era e continua não sendo fácil aceitar o que ele dizia sobre Deus e sobre si mesmo! Pelo menos é isso que nos chegou pelo relato das testemunhas.

A imagem de Jesus que vem à mente, quando nele penso, é a de um ser humano cujo olhar e cujas palavras marcavam as pessoas. Naqueles dias, ninguém ousaria, sequer imaginaria que estivesse diante do Messias.

6

Veio para servir

Jesus levantou-se da ceia, tirou o manto, pegou uma toalha e amarrou-a à cintura. Derramou água numa bacia, pôs-se a lavar os pés dos discípulos e enxugava-os com a toalha que trazia à cintura. Chegou assim a Simão Pedro. Este disse: "Senhor, tu vais lavar-me os pés?". Jesus respondeu: "Agora não entendes o que estou fazendo; mais tarde compreenderás". Depois de lavar os pés dos discípulos, Jesus vestiu o manto e voltou ao seu lugar. Disse aos discípulos: "Entendeis o que eu vos fiz? Vós me chamais de Mestre e Senhor; e dizeis bem, porque sou. Se eu, o Senhor e Mestre, vos lavei os pés, também vós deveis lavar os pés uns aos outros. Dei-vos o exemplo, para que façais assim como eu fiz para vós".

(Evangelho de João 13,4-7.12-15)

Ao falar do encontro de Jesus com a mulher surpreendida em adultério (Jo 8,1-11), o evangelista João nos dá um detalhe que a mim impressiona: a pecadora ficou em pé e Jesus agachou-se para escrever na areia. Não seria mais natural que ela se ajoelhasse ou se curvasse e ele, o puro e santo, em pé, lhe desse uma ajuda e uma lição? Não é assim que fazemos quando o pobre, sentado à nossa porta, pede comida e lhe damos de cima para baixo a marmita ou a lata com o alimento?

Também na Última Ceia quem se curvou foi ele e não os discípulos; apesar do protesto de Pedro, Jesus insistiu em lavar-lhe os pés. Por aí vou configurando a imagem do Jesus que desejo que meus ouvintes conheçam! Alguém que não veio para ser servido, mas para servir. Não veio explorar nem dominar... Veio e deu a sua própria vida. Amou a esse ponto!

7

Testemunhas da fé

Muitos tentaram escrever a história dos fatos ocorridos entre nós, assim como nos transmitiram aqueles que, desde o início, foram testemunhas oculares e, depois, se tornaram ministros da palavra. Diante disso, decidi também eu, caríssimo Teófilo, redigir para ti um relato ordenado, depois de ter investigado tudo cuidadosamente desde as origens, para que conheças a solidez dos ensinamentos que recebeste.

(Evangelho de Lucas 1,1-4)

Minha fé em Jesus Cristo é tranquila, mas não acomodada. Não quero que assim seja! Meu coração me diz que ele era de Deus e que levava os seus para Deus, a quem ele chamava de Pai. Sou dos que afirmam que Jesus está vivo. Era natural e compreensível que as redações sobre ele passassem pelo jeito dos primeiros que conheceram e souberam de sua existência. Escreveram com o entusiasmo de quem viu ou ouviu falar de uma pessoa extraordinariamente lúcida e poderosa em ação. Deixaram essas impressões por escrito e sou grato a eles.

Para eles não foi fácil descrever Jesus por uma razão plausível: Jesus era muito mais do que se podia falar sobre ele. Sou grato aos apóstolos e aos primeiros discípulos pela sua tentativa de nos deixarem o essencial sobre Jesus.

8

Ver além do horizonte

O que de Deus se pode conhecer é a eles manifesto, já que Deus mesmo lhes deu esse conhecimento. De fato, as perfeições invisíveis de Deus – não somente seu poder eterno, mas também a sua eterna divindade – são percebidas pelo intelecto, através de suas obras, desde a criação do mundo. Portanto, eles não têm desculpa: apesar de conhecerem a Deus, não o glorificaram como Deus nem lhe deram graças. Pelo contrário, perderam-se em seus pensamentos fúteis, e seu coração insensato se obscureceu. Alardeando sabedoria, tornaram-se tolos.

E porque não aprovaram alcançar a Deus pelo conhecimento, Deus os entregou ao seu reprovado modo de pensar.

(Carta aos Romanos 1,19-22.28)

O sábio e sereno age melhor. Entende que crer em Deus é opção de vida e de horizonte. Para quem crê que existe mais do que se sabe, Deus existe. Para quem crê que não existe mais nada além do que se tem conhecimento, Deus não existe. O tamanho do mar não depende da nossa visão. Há mais além do que vemos. Como não vimos o restante, necessitamos presenciar e aceitar a opinião de quem foi lá e viu, ou concluir que pode haver mais água no mar que nos envolve.

Deus existe, e a medida não pode ser nem nossa religião nem nossa cultura. No templo ou na universidade, o ser humano continua sem saber tudo. Sábio é quem tem ciência de que sabe o suficiente para continuar aprendendo.

9

Cheia de graça

Quando Isabel estava no sexto mês, o anjo Gabriel foi enviado por Deus a uma cidade da Galileia, chamada Nazaré, a uma virgem prometida em casamento a um homem de nome José, da casa de Davi. A virgem se chamava Maria. O anjo entrou onde ela estava e disse: "Alegra-te, cheia de graça! O Senhor está contigo". Ela perturbou-se com estas palavras e começou a pensar qual seria o significado da saudação. O anjo, então, disse: "Não tenhas medo, Maria! Encontraste graça junto a Deus. Conceberás e darás à luz um filho, e lhe porás o nome de Jesus. Ele será grande; será chamado Filho do Altíssimo".

(Evangelho de Lucas 1,26-32a)

Dizemos que o palhaço tem graça, que a criança é engraçadinha, elogiamos a graça da mulher, pedimos e agradecemos uma graça concedida, oferecemos alguma coisa de graça, achamos algo sem graça, e quando algo não tem nada de bom, dizemos que é uma desgraça. Maria é cheia de graça, porque Deus assim a viu.

Graça é charme, jeito especial, algo mais pessoal. Sem isso, a pessoa seria como as demais. Mas, com aquela graça, vai mais longe. Eis porque rimos com ela e não com outra; achamos que tem algo a mais quando ela fala, dança, canta, olha, anda... A graça de Deus é como o raio de luz que brilha no escuro. Uma sala no escuro é a mesma que no claro. Mas fica muito mais fácil andar pela sala iluminada porque a luz faz ver melhor, põe cor e delineia tudo. Não é a sala que muda. Somos nós que mudamos porque vemos mais longe e mais claro.

15

10

Graciosa

Naqueles dias, Maria partiu apressadamente a uma cidade de Judá. Ela entrou na casa de Zacarias e saudou Isabel. Quando Isabel ouviu a saudação de Maria, a criança pulou de alegria em seu ventre, e Isabel ficou repleta do Espírito Santo. Com voz forte, ela exclamou: "Bendita és tu entre as mulheres e bendito é o fruto do teu ventre! Como mereço que a mãe do meu Senhor venha me visitar? Logo que a tua saudação ressoou nos meus ouvidos, o menino pulou de alegria no meu ventre. Feliz aquela que acreditou, pois o que lhe foi dito da parte do Senhor será cumprido!".

(Evangelho de Lucas 1,39-45)

Quem tem graça é uma pessoa iluminada, que torna mais bonito e humano o que faz e o que é. Vê melhor, e é vista de um modo diferente. E mais: ilumina o caminho dos outros. Há um charme de Deus, um quê especial e sobre-humano, um "não sei quê" mais bonito na pessoa serena, completa, plenificada, preenchida, qualificada e adjetivada por Deus. Maria pôde contar que o Todo-Poderoso havia feito maravilhas nela. Isabel não poderia deixar de perceber, como nós não podemos deixar de perceber a graça de uma pessoa, que às vezes nem é bonita de rosto ou de corpo, mas é "especial".

11

Infidelidades

Há pessoas que um dia foram iluminadas, que saborearam o dom do céu e tiveram parte no Espírito Santo, que experimentaram o sabor da palavra de Deus e os milagres do mundo vindouro e, no entanto, desistiram.

Mas desejamos que cada um de vós mostre até o fim este mesmo empenho pela plena realização da esperança. Assim não vos tornareis negligentes, mas sereis imitadores daqueles que, pela fé e a perseverança, se tornam herdeiros das promessas.

(Carta aos Hebreus 6,4-6a.11-12)

Estamos na era das trocas e das mudanças. Muitas delas podem até ser fruto de convicção serena. Grande número, porém, é fruto de infidelidade. Promete-se, jura-se, a palavra é dada e assinada, mas, quando aparece uma situação mais vantajosa, rescinde-se o contrato, rasga-se o papel, muda-se de emprego, de clube, de amor e de Igreja, às vezes sob os aplausos da mídia, como é o caso dos novos amores de artistas e de jogadores de futebol. Esquecem logo a festa feita para a primeira e para a segunda união e tratam a terceira ou a quarta como se fosse a definitiva. Afinal, é tudo relativo! Valem o momento e o sentimento da pessoa que mudou! Quando tudo se torna relativo, as pessoas deixam de ser confiáveis nas suas relações de amor e fé.

12

Intercessores

Irmãos, desejamos que tomeis conhecimento da tribulação que nos sobreveio na Ásia: fomos oprimidos tão acima de nossas forças, que chegamos a perder a esperança de escapar com vida. Experimentamos, em nós mesmos, a angústia de estarmos condenados à morte. Assim, aprendemos a não confiar em nós mesmos, mas a confiar somente em Deus que ressuscita os mortos. Ele nos livrou, e continuará a livrar-nos, de um tão grande perigo de morte. Nele temos firme esperança de que nos livrará ainda, em outras ocasiões, com a ajuda de vossas preces em nossa intenção. Assim, a graça que alcançarmos pela intercessão de tantas pessoas será, para essas pessoas, motivo de ação de graças a nosso respeito.

(Segunda Carta aos Coríntios 1,8-11)

Falar com Deus em favor do outro é estar entre Deus e o outro. Daí a palavra *inter-sedere*. Vivos intercedem uns pelos outros junto a quem mais pode.

Entre nós, católicos, além de um vivo orar por outro vivo, vamos mais longe. Cremos que os mortos para este mundo vivem no Senhor, estão salvos pelo sangue do Cristo e, como cremos que Jesus é redentor eficaz, há inúmeros santos no céu. Os santos vivem em Jesus que está vivo. Por isso cremos na intercessão dos santos da terra e dos santos do céu. A intercessão dos santos do céu é bem mais completa! Eles estão salvos e sabem orar muito melhor do que nós.

É o mistério da comunhão dos santos!

13

Oremos uns pelos outros

Havia um centurião que tinha um servo a quem estimava muito. Estava doente, à beira da morte. Tendo ouvido falar de Jesus, o centurião mandou alguns anciãos dos judeus pedir-lhe que viesse curar o seu servo. Quando eles chegaram a Jesus, recomendaram com insistência: "Ele merece este favor, porque ama o nosso povo. Ele até construiu uma sinagoga para nós". Jesus foi com eles.

(Evangelho de Lucas 7,2-6a)

Se Jesus manda interceder é porque nós também podemos ser intercessores. Então, também somos mediadores com ele. É claro que não tão plenos como ele, mas sempre depois e por causa dele, da mesma forma que somos filhos por causa dele. Se nos proclamamos filhos de Deus por causa de Jesus, o Filho, podemos ser intercessores uns pelos outros por causa de Jesus, o Intercessor. Não é isso que fazem as Igrejas Cristãs quando incentivam que oremos uns pelos outros, em nome do Intercessor Maior, que é Jesus?

Quando os católicos chamam Maria de intercessora, estão seguindo a mesma lógica. Somos intercessores menores. Se nas missas e nos cultos intercedemos junto a Jesus pelos nossos doentes e pedimos a ele que interceda por nós e conosco, por que não pedir a outros discípulos, já no céu, que orem junto? E por que excluir Maria?

14

O homem Jesus

"Se me conheceis, conhecereis também o meu Pai. Desde já o conheceis e o tendes visto". Filipe disse: "Senhor, mostra-nos o Pai, isso nos basta". Jesus respondeu: "Filipe, há tanto tempo estou convosco, e não me conheces? Quem me vê, vê o Pai. Como é que tu dizes: 'Mostra-nos o Pai'? Não acreditas que eu estou no Pai e que o Pai está em mim? As palavras que eu vos digo, não as digo por mim mesmo; é o Pai que, permanecendo em mim, realiza as suas obras".

(Evangelho de João 14,7-10)

Se existiu no mundo um ser humano que sabia tudo sobre Deus, essa pessoa foi Jesus. Se alguém chegou à intimidade com Deus, esse foi Jesus. Foi ele mesmo quem o disse. E ele era plenamente humano. Se uma pessoa é capaz de tamanha intimidade, ela não é um sujeito qualquer. É especial. Especialíssima. Foi Jesus quem o disse.

Jesus disse que sabia quem era quem o havia mandado: ninguém menos que Deus, a quem ele chamava de Pai (*Abbá*, em aramaico). Há uma coisa nesse homem Jesus que nenhuma pessoa relativamente inteligente é capaz de decifrar: fala como alguém igual, absolutamente identificado com Deus. O fato é que nenhum ser humano jamais falou como Jesus falava.

Os homens que escreveram a seu respeito não teriam capacidade de criar um personagem assim tão forte, capaz de desafiar a mente de tantos pensadores e cientistas durante vinte séculos.

15

Filho de Deus

Alguns da multidão afirmavam: "Verdadeiramente, ele é o profeta!".
Outros diziam: "Ele é o Cristo!". Mas outros discordavam: "O Cristo
pode vir da Galileia?". Surgiu, assim, uma divisão entre o povo por causa
dele. Alguns queriam prendê-lo, mas ninguém lhe pôs as mãos. Os guar-
das então voltaram aos sumos sacerdotes e aos fariseus, que lhes pergunta-
ram: "Por que não o trouxestes?". Responderam: "Ninguém jamais falou
como este homem". Os fariseus disseram a eles: "Vós também vos deixastes
iludir? Acaso algum dos chefes ou dos fariseus acreditou nele?".

(Evangelho de João 7,40b-41.43-48)

Que palavra forte tinha esse Jesus, que ultrapassou e sobre-viveu aos humanos, às ideologias, às seitas, e até mesmo aos erros colossais dos que transmitiram sua mensagem através dos séculos? O que ele disse para se tornar a personalidade mais carregada de humanidade que se conhece?

A soma de todos os grandes seres humanos, com as suas mensagens, não chega nem perto do mistério que é Jesus. Nenhum dos Doze que o conheceram e viveram com ele tinha a mesma ideia sobre ele. Cada qual o viu sob seu ângulo e da sua experiência. Mas, da sua pregação, emerge um ser totalmente identificado com Deus, Filho especialíssimo de Deus. O Criador da humanidade tem um Filho, que é Jesus. E é por meio desse Filho especial que o Criador nos adota também como filhos seus, como disse o Apóstolo Paulo.

16

Amar como Jesus amou

Eu vos dou um novo mandamento: amai-vos uns aos outros. Como eu vos amei, assim também vós deveis amar-vos uns aos outros. Nisto conhecerão todos que sois os meus discípulos: se vos amardes uns aos outros.

(Evangelho de João 13,34-35)

Sei que jamais conseguirei isso: amar como Jesus amou. Mas posso tentar. Foi ele quem disse que deveríamos tentar ser perfeitos, assim como o Pai é perfeito (Mt 5,48).

Um balde pode estar cheio, da mesma forma que um barril também pode estar. O barril tem muito mais conteúdo, mas os dois estão em plenitude. Certamente o balde nunca será tão cheio como o barril. Mas, se estiver cheio, terá atingido o máximo de sua possibilidade. Amar como Jesus amou não é, pois, amar com a mesma intensidade.

Jesus amou muito mais do que todos nós amaríamos. Mas assim mesmo sou chamado a amar ao máximo de minha potencialidade. Por isso oro e prosseguirei orando para amar como Jesus amou. Nunca será da forma dele, que foi plena. Mas será certamente muito mais do que tenho amado até agora!

17

Amor infinito

Eu sou o bom pastor. O bom pastor dá a vida por suas ovelhas. O mercenário, que não é pastor e a quem as ovelhas não pertencem, vê o lobo chegar e foge; e o lobo as ataca e as dispersa. Por ser apenas um assalariado, ele não se importa com as ovelhas. Eu sou o bom pastor. Conheço as minhas ovelhas e elas me conhecem, assim como o Pai me conhece e eu conheço o Pai. Eu dou minha vida pelas ovelhas. É por isso que o Pai me ama: porque dou a minha vida. E assim, eu a recebo de novo. Ninguém me tira a vida, mas eu a dou por própria vontade. Eu tenho poder de dá-la, como tenho poder de recebê-la de novo. Tal é o encargo que recebi do meu Pai.

(Evangelho de João 10,11-15.17-18)

Falemos um pouco do amor de Jesus. Vale a pena refletir sobre o seu modo de amar, para que melhoremos o nosso.

Jesus amava e amava muito: ao infinito! Maior amor neste mundo, impossível. Nunca, jamais filho algum amou tanto seu pai como Jesus. Nunca, jamais alguém falou de Deus com tamanha intimidade. Jesus foi, neste mundo, o coração que mais amou a Deus. E Deus o aprovava totalmente (Mt 3,17).

Diante de Deus, Jesus era o Filho bem-amado e era também o Filho que bem amava. E amou, também de maneira completa, o ser humano. Amor maior do que o dele não se conhece, não existiu nem existirá.

18

Jesus chorou

Jesus ainda estava fora do povoado... Os judeus que estavam com Maria na casa consolando-a viram que ela se levantou depressa e saiu; e foram atrás dela, pensando que fosse ao túmulo para chorar. Maria foi para o lugar onde estava Jesus. Quando o viu, caiu de joelhos diante dele e disse-lhe: "Senhor, se tivesses estado aqui, meu irmão não teria morrido". Quando Jesus a viu chorar, e os que estavam com ela, comoveu-se interiormente e perturbou-se. Ele perguntou: "Onde o pusestes?". Responderam: "Vem ver, Senhor!". Jesus chorou. Os judeus então disseram: "Vede como ele o amava!".

(Evangelho de João 11,30a-36)

Houve um dia em que Jesus chorou, porque não foi ouvido nem amado (Mt 23,37). Jerusalém o rejeitara. E ele disse: "Jerusalém, Jerusalém! Quantas vezes eu quis reunir seus filhos como a galinha reúne os seus pintinhos debaixo das asas. Mas você não quis. Eu sei o que vai acontecer com você, por isso eu choro".

Quem ama muitas vezes chora: de alegria, de tristeza, por decepção, por mágoa. Chorar faz parte do amor. Que o digam as mães. Quem ama, mais chora do que faz chorar. Quem não ama faz chorar mais do que chora.

Faz bem saber que Jesus chorava por seus amigos e se comovia profundamente, como aconteceu em Jerusalém, na morte de Lázaro (Jo 11,33-35), e ao ver a dor da viúva em Naim (Lc 7,13), quando teve imensa pena.

19

Creio na ressurreição

Se os mortos não ressuscitam, estaríamos testemunhando contra Deus, que ressuscitou Cristo, enquanto, de fato, ele não o teria ressuscitado. Pois, se os mortos não ressuscitam, então Cristo também não ressuscitou. E se Cristo não ressuscitou, a vossa fé não tem nenhum valor e ainda estais nos vossos pecados. Se é só para esta vida que pusemos a nossa esperança em Cristo, somos, dentre todos os homens, os mais dignos de compaixão. Mas, na realidade, Cristo ressuscitou dos mortos como primícias dos que morreram.

(Primeira Carta aos Coríntios 15,15-17.19-20)

São Paulo afirma que de nada adiantaria e nada faria sentido no cristianismo se Jesus tivesse morrido para sempre. Se ele não tivesse ressuscitado, seríamos os mais ingênuos e tolos crentes do planeta (1Ts 4,14). É a ressurreição de Jesus que torna a sua doutrina digna de crédito.

Somos cristãos porque acreditamos e afirmamos que aquele homem judeu, chamado Jesus de Nazaré, que foi perseguido e morto, mais do que carpinteiro e depois pregador e profeta, era Filho predileto do Criador do Universo. Isso: era Filho de Deus! Aquele moço era o Filho de Deus e o Ungido que os hebreus esperavam. E cremos que ele veio ao mundo mostrar que este tem conserto. Morreu para provar que a morte não é o ponto final. Por isso ressuscitou e mostrou que a vida é eterna e o ser humano não foi criado para desaparecer.

25

20

A vida continua

Jesus disse: "Eu sou a ressurreição e a vida. Quem crê em mim, ainda que tenha morrido, viverá. E todo aquele que vive e crê em mim, não morrerá jamais. Crês nisto?". Marta respondeu: "Sim, Senhor, eu creio firmemente que tu és o Cristo, o Filho de Deus, aquele que deve vir ao mundo".

(Evangelho de João 11,25-27)

Depois da vida, a morte é a maior realidade humana. Todos os que viveram morreram. Todos os que vivem morrerão. Mas o cristianismo acrescenta outra verdade a estas duas; os que morreram e os que morrerem ressuscitarão em Cristo e com Cristo (1Ts 4,16-18). Ninguém volta ao nada. A vida continua depois da morte.

Porque Jesus ressuscitou, nós, os cristãos, não temos outra escolha senão proclamar que o mundo tem concerto, que a morte é uma passagem para o eterno, onde não há mais espaço, nem tempo, nem limite algum, porque então teremos atingido nosso ponto definitivo de hominização.

Porque Jesus ressuscitou, acreditamos que o amor, a paz e a justiça um dia reinarão na terra. Enquanto isso, não temos medo nem da vida nem da morte. Uma só realidade nos amedronta: o pecado, porque este, sim, pode condenar o ser humano à morte eterna.

21

O caminho da santidade

Vinde, benditos de meu Pai! Recebei em herança o Reino que meu Pai vos preparou desde a criação do mundo! Pois eu estava com fome, e me destes de comer; estava com sede, e me destes de beber; eu era forasteiro, e me recebestes em casa; estava nu e me vestistes; doente, e cuidastes de mim; na prisão, e fostes visitar-me. Então os justos lhe perguntarão: "Senhor, quando foi que te vimos com fome e te demos de comer? Com sede, e te demos de beber? Quando foi que te vimos como forasteiro, e te recebemos em casa, sem roupa, e te vestimos? Quando foi que te vimos doente ou preso, e fomos te visitar?". Então o Rei lhes responderá: "Em verdade, vos digo: todas as vezes que fizestes isso a um destes mais pequenos, que são meus irmãos, foi a mim que o fizestes!".

(Evangelho de Mateus 25,34b-39)

Este recado vai para aqueles que pensam que santidade consiste em ser uma pessoa extraordinária. Não é bem isso. Ser uma pessoa comum, que consegue dar um sentido extraordinário às coisas do cotidiano, isso é santidade.

Quem está imerso em Deus não precisa do sensacionalismo. É no dia a dia, na capacidade de valorizar o comum sem jamais cair na rotina que se mede o amor. Isso no casamento e também na vida de cada dia. E é o que falta a muitíssimos cristãos, que pensam ser santos e escolhem o caminho mais difícil. Se fossem santos, conseguiriam dar sentido a qualquer caminho, inclusive o fácil.

22

Vocação

Paulo, servo do Cristo Jesus, chamado para ser apóstolo, separado para o evangelho de Deus — evangelho que Deus prometeu por meio de seus profetas, nas Sagradas Escrituras, a respeito de seu Filho. Este, segundo a carne, era descendente de Davi, mas, segundo o Espírito de santidade foi declarado Filho de Deus com poder, desde a ressurreição dos mortos: Jesus Cristo, nosso Senhor. Por ele recebemos a graça da vocação para o apostolado, a fim de trazermos à obediência da fé, para a glória de seu nome, todas as nações; entre as quais também vós, chamados a pertencer a Jesus Cristo.

(Carta aos Romanos 1,1-6)

Existe um Deus que me ama. Esse Deus me chama... Sempre! E chama a mim e a todos os seres vivos, para que respondamos, cada um do seu modo e com seus limites. Responder é a nossa vocação primeira.

Fui chamado a ser, a viver, a conviver, a crescer, a compreender, a servir, a criar, a ajudá-lo a melhorar o mundo. Fui e sou constantemente chamado a fazer escolhas. Sou chamado a partilhar, a construir, a aperfeiçoar vidas e coisas, a crer em Deus, no ser humano e no futuro, a ser perfeito e a buscar o melhor em tudo, não para mim, e sim para toda a comunidade.

Fui, sou e serei sempre chamado à santidade, à pureza e à esperança. Fui, sou e permaneço chamado a ser Igreja, a fazer a história e a viver o martírio do cotidiano.

23

Criou-nos para sermos felizes

Bendito seja o Deus e Pai de nosso Senhor Jesus Cristo, que nos aben-çoou com toda bênção espiritual nos céus, em Cristo. Nele, Deus nos esco-lheu, antes da fundação do mundo, para sermos santos e íntegros diante dele, no amor. Conforme o desígnio benevolente de sua vontade, ele nos predestinou à adoção como filhos, por obra de Jesus Cristo, para o louvor de sua graça gloriosa, com que nos agraciou no seu bem-amado. Em Cris-to, segundo o propósito daquele que opera tudo de acordo com a decisão de sua vontade, fomos feitos seus herdeiros, predestinados a ser, para louvor da sua glória, os primeiros a pôr em Cristo nossa esperança.

(Carta aos Efésios 1,3-6.11-12)

Um grande outro, a quem chamamos "Deus", que nos criou a todos e graças a quem cada um de nós pode dizer "eu sou", porque foi ele o primeiro a usar a expressão, este ser é quem resolveu um dia nos criar.

Colocou-nos aqui, neste tempo, nesta era, nesta hora, com estes pais e irmãos e neste país. Não fez por acaso. Quis criar mais uma obra e nos quis feliz. Nascemos para ser felizes. Deus não cria ninguém para ser infeliz. É nosso primeiro cha-mado. Nascemos para fazer os outros felizes: é nosso segundo chamado.

24

A medida é o amor

Todo aquele que professa que Jesus é o Filho de Deus, Deus permanece nele, e ele em Deus. E nós, que cremos, reconhecemos o amor que Deus tem para conosco. Deus é amor: quem permanece no amor permanece em Deus, e Deus permanece nele. Nós amamos, porque ele nos amou primeiro. Se alguém disser: "Amo a Deus", mas odeia o seu irmão, é mentiroso; pois quem não ama o seu irmão, a quem vê, não poderá amar a Deus, a quem não vê. E este é o mandamento que dele recebemos: quem ama a Deus, ame também seu irmão.

(Primeira Carta de João 4,15-16.19-20)

As religiões começam a fazer sentido quando buscam a caridade. Jesus resumiu tudo em dois mandamentos: dar a Deus o primeiro lugar e dar ao próximo a mesma chance que damos a nós mesmos. Não nos devemos colocar nem acima nem abaixo. Que cada um goste do outro como gosta de si mesmo. O amor é isso: submissão a Deus e direitos iguais aqui na terra. O resto é consequência.

Quer medir a religião de uma pessoa? Veja como ela ama. Se ela fizer isso bem, então sua religião merece respeito. E ela também. A medida é o amor. Sem isso, tudo corre o risco de ser mentira.

25

Justiça e misericórdia

Sou agradecido àquele que me deu forças, Cristo Jesus, nosso Senhor, pela confiança que teve em mim, colocando-me a seu serviço, a mim que, antes, blasfemava, perseguia e agia com violência. Mas alcancei misericórdia, porque agia por ignorância, não tendo ainda a fé. A graça de nosso Senhor manifestou-se copiosamente, junto com a fé e com o amor que estão em Cristo Jesus. É digna de fé e de ser acolhida por todos esta palavra: Cristo Jesus veio ao mundo para salvar os pecadores, dos quais eu sou o primeiro. Mas alcancei misericórdia, para que em mim, o primeiro dos pecadores, Jesus Cristo mostrasse toda a sua paciência, fazendo de mim um exemplo para todos os que crerão nele, em vista da vida eterna.

(Primeira Carta a Timóteo 1,12-16)

Religião é, antes de tudo, a busca sincera e permanente da grande verdade no meio das muitas outras que existem na vida. É também a proclamação dessa verdade.

Ser religioso implica a busca insistente e corajosa da justiça e da paz na terra. E essa busca não será satisfatória sem o exercício da misericórdia. Nem haverá misericórdia sem justiça. Além disso, é importante que ambas sejam bem dosadas, pois o excesso as descaracteriza e não educa.

E que a misericórdia seja mais forte que a justiça e, por isso mesmo, mais educadora. Que haja sempre espaço para o arrependimento. Destruamos o pecado e salvemos o pecador. Essa é a doutrina de Jesus de Nazaré.

26

Maria: iluminada e iluminadora

Então apareceu no céu um grande sinal: uma mulher vestida com o sol, tendo a lua debaixo dos pés e, sobre a cabeça, uma coroa de doze estrelas. Estava grávida e gritava em dores de parto, atormentada para dar à luz. E ela deu à luz um filho homem, que veio para governar todas as nações com cetro de ferro. Mas o filho foi levado para junto de Deus e do seu trono.

(Apocalipse de João 12,1-2.5)

Como a lua, que não tem luz própria, a luz que tens não é tua. Teu brilho é o do sol Jesus. Como a lua, que de noite nos transmite a luz do sol, assim és tu, Maria, que, nas noites desta vida, joga sobre nós o brilho do teu Jesus.

Coroada de estrelas que brilham ao teu redor, lembras a quem olha o céu da fé e te vê a brilhar com o brilho do teu Filho, que ninguém precisa ser um sol nem ter brilho próprio para iluminar este mundo. Basta que sejamos um planeta ou um satélite no lugar certo e na hora certa. O brilho que nos atingir tocará os outros.

Ensina-nos a brilhar como brilhas. Mostra-nos que não é nosso brilho pessoal, mas o brilho de Jesus que iluminará o nosso povo, por meio de nós, se nos deixarmos iluminar. Iluminada e iluminadora és tu, Mãe de Jesus. Ensina-nos a iluminar e a deixar que Jesus nos ilumine! Amém.

27

A graça do casamento

Alguns fariseus aproximaram-se de Jesus e, para experimentá-lo, perguntaram: "É permitido ao homem despedir sua mulher por qualquer motivo?". Ele respondeu: "Nunca lestes que o Criador, desde o princípio, os fez homem e mulher e disse: 'Por isso, o homem deixará pai e mãe e se unirá à sua mulher, e os dois formarão uma só carne? De modo que eles já não são dois, mas uma só carne. Portanto, o que Deus uniu, o homem não separe".

(Evangelho de Mateus 19,3-6)

Casar é uma das experiências mais bonitas, mas também das mais difíceis da vida: exige renúncias, o que muitas pessoas não gostam de fazer, nem mesmo por um grande amor. Além disso, é preciso achar graça um no outro. Eis porque muitos casamentos se acabam, fracassam. Falta a outra dimensão fundamental do casamento: a graça. E graça, só com espiritualidade e comunhão, que, ao contrário do que muita gente pensa e ensina, também faz parte da sexualidade.

O coração vive de sentimentos e impulsos, mas, se a razão não "assina embaixo", o amor fica sem graça. Sentir prazer na hora de unir os corpos e não sentir o mesmo numa conversa na hora de unir as cabeças, não sabendo nem se alegrarem juntos, é meio caminho para a desgraça, porque o coração aprende, mas a razão compreende. E a graça está em compreender. Por isso, quem não ama com a cabeça, casou-se apenas em parte. Não vive a compreensão.

28

Amor e paixão

O amor é paciente, é benfazejo; não é invejoso, não é presunçoso nem se incha de orgulho; não faz nada de vergonhoso, não é interesseiro, não se encoleriza, não leva em conta o mal sofrido; não se alegra com a injustiça, mas fica alegre com a verdade. Ele desculpa tudo, crê tudo, espera tudo, suporta tudo. O amor jamais acabará.

(Primeira Carta aos Coríntios 13,4-8b)

A paixão é imediatista e limitada. O amor é mais abrangente. A paixão adora alguns aspectos da pessoa; o amor vê graça na pessoa inteira. A paixão só vê graça em algumas coisas; o amor é gracioso. A paixão é cheia de gracinhas; depois, perde a graça.

Aquela coisa de instinto animal e paixão violenta é somente ficção. Na vida real, quem não pensa e não tem juízo mata seu casamento. Amor refletido e sereno, que confirma a paixão, este sim segura duas vidas juntas. Se for para durar, tem de ter a razão no meio. É o diálogo que dá graça aos dois.

Falta graça para o casal que não conversa. Quando não há mais compatibilidade e compaixão, quando cada encontro é fonte de agressão, quando há mais críticas e ironias do que sorriso e ternura, fica evidente que a desgraça entrou nesse casamento. Redescobrir a graça do começo desse amor é um grande dom.

29

De que é feito o casamento

Por isso, não desanimamos. Mesmo se o nosso físico vai se arruinando, o nosso interior, pelo contrário, vai-se renovando dia a dia. Com efeito, a insignificância de uma tribulação momentânea acarreta para nós um volume incomensurável e eterno de glória. Isto acontece, porque miramos às coisas invisíveis e não às visíveis. Pois o que é visível é passageiro, mas o que é invisível é eterno.

(Segunda Carta aos Coríntios 4,16-18)

Foi e continua sendo bonito ver um casal avançado em anos e cheio de elogios e boas maneiras. Conservaram o casamento vida afora ou redescobriram a graça dos namorados, quando tudo era enlevo, esperança e curiosidade. De sonhos, esperanças e bem-aventuranças, de perdão e sacrifícios, de paciência e ternura e do colo um do outro o casamento foi feito. Mas, se vai embora a ternura, se vêm as palavras duras, as exigências terríveis e as cobranças impossíveis, é porque acabou o sentimento, acabou o casamento. E quando o amor se apaga, duas estrelas se apagam no céu da comunidade.

Que o amor seja feito de sonhos e tenha um futuro risonho. E se surgirem dilemas, não importam os problemas, que sejam resolvidos. Que o casal seja como um riacho, e que os defeitos de um e de outro sejam limados com o tempo. E que o que sobre seja bonito, um amor infinito, brilhando nos dois.

30

Casamento planejado

Portanto, quem ouve estas minhas palavras e as põe em prática é como um homem sensato, que construiu sua casa sobre a rocha. Caiu a chuva, vieram as enchentes, os ventos deram contra a casa, mas a casa não desabou, porque estava construída sobre a rocha. Por outro lado, quem ouve estas minhas palavras e não as põe em prática é como um homem sem juízo, que construiu sua casa sobre a areia. Caiu a chuva, vieram as enchentes, os ventos sopraram e deram contra a casa, e ela desabou, e grande foi a sua ruína!

(Evangelho de Mateus 7,24-27)

Que nenhuma família comece em qualquer de repente. Que o casal não se conheça na segunda-feira e se case na terça. Não importa se se conheceram num bar, desde que não se casem de cara cheia. Que ninguém se case por acaso. O amor é bonito demais para ser acaso a vida inteira. Pode acontecer de o casal se conhecer por acaso, mas casar à toa é arriscar-se demais! Encontros nem sempre são planejados. Casamento é melhor planejar. Família não pode ser fruto de impulso. São vidas importantes demais para se brincar de loteria. O risco sempre existirá, como haverá sempre o risco de os aviões caírem. Mas há muita gente séria por detrás de um voo. Por isso, os riscos são relativamente pequenos. Voos costumam ser planejados. Sabe-se de onde veio, para onde vai e quais as rotas alternativas. E ninguém vira piloto da noite para o dia. Quem quer voar deve preparar-se.

31

Amor e cumplicidade

Quanto a vós, o Senhor vos faça crescer abundantemente no amor de uns para com os outros e para com todos, à semelhança de nosso amor para convosco. Que ele confirme os vossos corações numa santidade irrepreensível, diante de Deus, nosso Pai, por ocasião da vinda do nosso Senhor Jesus, com todos os seus santos.

Saiba cada um de vós viver seu matrimônio com santidade e com honra, sem se deixar levar pelas paixões, como fazem os pagãos que não conhecem a Deus.

(Primeira Carta aos Tessalonicenses 3,12-13; 4,4-5)

Uma sociedade que faz mais propaganda da separação e do divórcio do que da fidelidade e da unidade; em que, de cada dez casais de novela, nove aparecem em situação de crise e conflito, não pode entender a cumplicidade cristã do casamento. Jesus insiste nela, quando diz que, no começo não era assim. A falta de parceria e o ir-se embora eram uma concessão de Moisés à dureza do coração humano. Mais, não precisava dizer.

Quem ama é cúmplice, deliciosamente cúmplice do outro. Sem a cumplicidade o amor não é sereno. Casamentos sustentam-se com esse viver juntos, amar juntos e sentir juntos. Consentir, realizar as coisas juntos. Na ânsia de resgatar o direito do indivíduo, atropelam a unidade e a cumplicidade. Que o casal entenda que é um. Assim, fica mais fácil enfrentar as crises!

32

Casamento ancorado em Deus

Maridos, amai as vossas mulheres, como Cristo também amou a Igreja e se entregou por ela. É assim que os maridos devem amar suas esposas, como amam seu próprio corpo. Aquele que ama sua esposa está amando a si mesmo. Ninguém jamais odiou sua própria carne. Pelo contrário, alimenta-a e a cerca de cuidado, como Cristo faz com a Igreja; e nós somos membros do seu corpo! Em suma, cada um de vós também ame a sua esposa como a si mesmo; e que a esposa tenha respeito pelo marido.

(Carta aos Efésios 5,25.28-30.33)

Amor bonito aquele matrimônio, que foi ficando um sonho e se fez ainda mais bonito do que sonharam. Com Deus e o povo por testemunha, juraram no altar que, acontecesse o que acontecesse, entre dores, tristezas e alegrias, viveriam um matrimônio firmado em Deus, de quem sabe, com certeza, que viera o seu amor.

Que o Senhor seja a luz e a ternura de todos os que casam. Que ele cuide dos dois, os leve pela mão e os ponha sempre no colo. E que o casamento, cristão ou não, produza frutos de ternura e paz. Até porque não existe instituição tão capaz de mudar um povo e uma sociedade. Que as famílias serenas, amorosas e sadias voltem a ser o objetivo número um de todos os povos e de todas as Igrejas.

33

Pequenos diante de Deus

Os discípulos foram falar com João: "Mestre, aquele que estava contigo do outro lado do Jordão, e de quem tu deste testemunho, está batizando, e todos vão a ele". João respondeu: "Ninguém pode receber coisa alguma, se não lhe for dada do céu. Vós mesmos sois testemunhas daquilo que eu disse: 'Eu não sou o Cristo, mas fui enviado à sua frente'. Esta é a minha alegria, e ela ficou completa. É necessário que ele cresça, e eu diminua".

(Evangelho de João 3,25-26-29b-30)

Uma das consequências de encontrar Deus é que queremos ficar cada dia menores e queremos ver Deus cada dia maior no coração dos outros. O santo é aquele que descobriu parte da grandeza de Deus e, por isso, pelo tanto que já viu, sente o quanto precisa viver bem para ser digno do que viu. Sente-se pequeno o viajante no deserto, o marinheiro no mar, o aviador no céu. Ali, sem limites, percebe-se que tudo é pequeno, por maior que pareça. Quem já teve a graça de experimentar o dom da fé sente-se pequeno e aceita a vida com maior serenidade. A isso os místicos chamam de repousar em Deus. Acabam as ambições imediatistas, mas não o espírito de luta e de serviço aos outros.

Os santos são pessoas serenas, mesmo quando precisam denunciar. São pequenos e o mar é enorme, mas sabem que vão chegar. Então navegam sem medo, mas não dispensam a ajuda de vozes da terra e do céu; atravessam o deserto, não sem olhar para as estrelas.

34

Humildade

Eu sou o menor dos apóstolos, nem mereço o nome de apóstolo, pois eu persegui a Igreja de Deus. É pela graça de Deus que sou o que sou. E a graça que ele reservou para mim não foi estéril; a prova é que tenho trabalhado mais que todos eles, não propriamente eu, mas a graça de Deus comigo.

(Primeira Carta aos Coríntios 15,9-10)

O santo nunca se sente perdido. Ele tem uma bússola dentro do coração que aponta para o Norte de Deus. Por isso, apenas se sente pequeno. Pequeno, mas não inútil, nem derrotado. Menores do que ele são os pássaros e as flores do campo e Deus cuida deles e delas (Mt 6,26). Por que não cuidaria de um ser humano, que é a imagem dele?

Humildade rima com esperança. Nunca vi uma pessoa humilde que não fosse sonhadora e esperançosa. É desse tipo de gente pequena que o mundo precisa. Se o Reino de Deus acontecer aqui, será por causa de pessoas desse tamanho!

35

Dai-lhes de comer

Ao sair do barco, Jesus viu uma grande multidão. Encheu-se de compaixão por eles e curou os que estavam doentes. Ao entardecer, os discípulos aproximaram-se dele e disseram: "Este lugar é deserto e a hora já está adiantada. Despede as multidões, para que possam ir aos povoados comprar comida!". Jesus porém lhes disse: "Eles não precisam ir embora. Dai-lhes vós mesmos de comer!".

(Evangelho de Mateus 14,14-16)

Não é eucarístico um país que não reparte e não faz o alimento abundante chegar à mesa de todos. Não é eucarístico um país que não consegue dar pão para quem tem fome, enquanto o vende para outros povos que dele fazem até mesmo ração para cavalos e porcos. Não é eucarístico um país que permite mesas fartas e repletas de iguarias importadas, e a mesa do homem que trabalha oito horas por dia e seis dias por semana mal consegue ter o pão de cada dia. Não é eucarístico um país onde as terras continuam intocáveis e servem de investimento, enquanto o homem que pede um pouco de terra para plantar acaba nas periferias de cidades, engrossando o concerto dos esfomeados. Não é eucarístico um país que salva um investidor e um banqueiro, mas não salva um pequeno plantador à beira da ruína.

Teria sido essa a razão que levou Jesus a profeticamente escolher, como símbolo da sua presença no mundo, um pedaço de pão repartido e um cálice de vinho distribuído entre todos?

36

Jesus presente no pão

De fato, eu recebi do Senhor o que também vos transmiti: na noite em que ia ser entregue, o Senhor Jesus tomou o pão e, depois de dar graças, partiu-o e disse: "Isto é o meu corpo entregue por vós. Fazei isto em memória de mim". Do mesmo modo, depois da ceia, tomou também o cálice e disse: "Este cálice é a nova aliança no meu sangue. Todas as vezes que dele beberdes, fazei-o em minha memória".

(Primeira Carta aos Coríntios 11,23-25)

Um país que permite por tantos anos gente com fome, tem rito, mas não vive a eucaristia. Quem não cria condições para que todos possam ter comida em casa, ou buscá-la, não como esmola, e sim como prêmio pelo seu trabalho, não tem espírito de eucaristia. E não é cristão aquele que não reage quando vê o preço do alimento se tornar proibitivo, o leite não chegar às crianças e o pão de cada dia faltar à mesa do cidadão, cada vez mais subnutrido. Um povo precisa primeiro comer, para depois produzir riquezas.

Você talvez não creia, mas missa existe para isso. Para que ninguém passe fome neste mundo, para que todos repartam com justiça e para que todos sirvam a todos. Não! Não foi a esmo que Jesus escolheu como sinal de sua presença no mundo o pão repartido. A propósito, você sabia que Belém, a cidade natal de Jesus, em hebraico, *Bêt-Lehem*, significa "casa do pão"?

37

Coração generoso

Pedro e João subiam ao templo para a oração das três da tarde. Neste momento, traziam lá um homem, coxo de nascença. Quando viu Pedro e João entrarem no templo, o homem pediu uma esmola. O homem ficou olhando para eles, esperando receber alguma coisa. Pedro então disse: "Não tenho ouro nem prata, mas o que tenho eu te dou: em nome de Jesus Cristo, o Nazareno, levanta-te e anda!". E tomando-o pela mão direita, Pedro o levantou. Na mesma hora, os pés e os tornozelos do homem ficaram firmes, ele saltou, ficou de pé e começou a andar. E entrou no templo junto com Pedro e João, andando, saltando e louvando a Deus.

(Atos dos Apóstolos 3,1-2a.3.5-8)

Quando dizemos que alguém tem um coração generoso, dizemos muito mais do que pensamos. A pessoa generosa cria, regenera e gera um fato novo a cada ato de generosidade que pratica.

Ter um coração generoso é saber fazer as pessoas renascerem, enchê-las de paz e de esperança. A pessoa, que veio quase morrendo, volta refeita, renascida, regenerada, porque encontrou um coração generoso e perdoador. Era disso que Jesus falava quando propôs que aprendêssemos com o seu coração. Seu coração era manso e humilde, por isso mesmo, generoso. Nunca houve nem haverá neste mundo um coração mais generoso do que o de Jesus. O Reino de Deus é daqueles que sabem gerar fatos novos que encham as pessoas de esperança e de paz.

38

Maria intercede por nós

Houve um casamento em Caná da Galileia, e a mãe de Jesus estava lá. Também Jesus e seus discípulos foram convidados para o casamento. Faltando o vinho, a mãe de Jesus lhe disse: "Eles não têm vinho!". Jesus lhe respondeu: "Mulher, para que me dizes isso? A minha hora ainda não chegou". Sua mãe disse aos que estavam servindo: "Fazei tudo o que ele vos disser!". Estavam ali seis talhas de pedra, de quase cem litros cada... Jesus disse aos que estavam servindo: "Enchei as talhas de água!". E eles as encheram até a borda. Então disse: "Agora, tirai e levai ao encarregado da festa". E eles levaram. O encarregado da festa provou da água mudada em vinho.

(Evangelho de João 2,1-2.4-9)

Deus não depende de Maria para nos atender. Mas não há alma cristã mais capaz do que Maria de orar conosco e por nós a Jesus. Nossa fé nos diz que um cristão que pedir a Maria que ore com ele e por ele estará pedindo ajuda à melhor pessoa a quem se pode recorrer depois de Jesus.

Cremos que os fiéis do céu intercedem pelos fiéis da terra. Por isso, falamos com os santos que já se salvaram. Entre eles, Maria, a Mãe. De Jesus, ela entende melhor do que todos os padres, pastores e rezadores deste mundo, mais do que todos os santos que já passaram por aqui. Afirmamos que no céu se adora a Deus e se ora pelos outros. Maria faz lá como fazia aqui. Fala ao seu Filho. E faz como nós: fala ao Pai em nome do Filho dele e dela. Só que faz isso melhor do que nós.

39

O amor é eterno

Se eu falasse as línguas dos homens e as dos anjos, mas não tivesse amor, eu seria como um bronze que soa ou um címbalo que retine. Se eu tivesse o dom da profecia, se conhecesse todos os mistérios e toda a ciência, se tivesse toda a fé, a ponto de remover montanhas, mas não tivesse amor, eu nada seria. Se eu gastasse todos os meus bens no sustento dos pobres e até me entregasse como escravo, para me gloriar, mas não tivesse amor, de nada me aproveitaria.

Atualmente permanecem estas três: a fé, a esperança, o amor. Mas a maior delas é o amor.

(Primeira Carta aos Coríntios 13,1-3.13)

Não existe santidade sem solidariedade. Jesus diz que muitos rezadores que viviam dizendo "Senhor, Senhor" não entrarão no Reino dos Céus. Não verão o Rei (Mt 7,21). Mas diz que os solidários que dão de comer, de beber e de vestir, que consolam e ajudam os outros irão para o céu (Mt 25,31-48).

Então, já sabemos que o que leva alguém para o céu é a compaixão, a única virtude que pode fazer alguém ser santo. Paulo diz que existe a fé, a esperança e o amor, mas a maior das três é o amor (1Cor 13,13). Um dia, a fé e a esperança não precisarão mais existir, mas o amor sempre existirá porque existiu antes do mundo e vai existir depois de tudo (1Cor 13,8). Em resumo, Paulo diz que nem a fé, nem a esperança são eternas, mas o amor, sim, este é eterno!

40

Santidade: compaixão e solidariedade

"Certo homem descia de Jerusalém para Jericó e caiu nas mãos de assaltantes. Estes arrancaram-lhe tudo, espancaram-no e foram-se embora, deixando-o quase morto. Por acaso, um sacerdote estava passando por aquele caminho. Quando viu o homem, seguiu adiante, pelo outro lado. O mesmo aconteceu com um levita. Mas um samaritano, que estava viajando, chegou perto dele, viu, e moveu-se de compaixão. Aproximou-se dele e tratou-lhe as feridas, derramando nelas óleo e vinho. Depois colocou-o em seu próprio animal e o levou a uma pensão, onde cuidou dele. No dia seguinte, pegou dois denários e entregou-os ao dono da pensão, recomendando: 'Toma conta dele! Quando eu voltar, pagarei o que tiveres gasto a mais'. Na tua opinião – perguntou Jesus –, qual dos três foi o próximo do homem que caiu nas mãos dos assaltantes?". Ele respondeu: "Aquele que usou de misericórdia para com ele". Então Jesus lhe disse: "Vai e faze tu a mesma coisa".

(Evangelho de Lucas 10,30-37)

A compaixão mostra quem é santo e quem não é. Na parábola de Jesus, o bom samaritano era de outra religião, mas ele fez o certo, e os da religião tida como certa fizeram errado. Só rezar, lotar os templos de gente, fazer milagres e ter um bom marketing não torna ninguém santo. Famoso, sim; santo, nem sempre! Jesus diz que não vai reconhecer quem não ajudou os outros, nem que tenha feito milagres e curas (Mt 7,23). Ele quer penitência e misericórdia.

41

Precisamos uns dos outros

Se houvesse apenas um membro, onde estaria o corpo? Mas, de fato, há muitos membros e, no entanto, um só corpo. O olho não pode dizer à mão: "Não preciso de ti", nem a cabeça dizer aos pés: "Não preciso de vós". Bem mais ainda, mesmo os membros do corpo que parecem ser os mais fracos, são indispensáveis. Deus, quando formou o corpo, deu mais honra ao que nele é tido como sem valor, para que não haja divisão no corpo, mas, pelo contrário, os membros sejam igualmente solícitos uns pelos outros. Se um membro sofre, todos os membros sofrem com ele; se um membro é honrado, todos os membros se regozijam com ele.

(Primeira Carta aos Coríntios 12,19-22.24b-26)

A verdade é que, quando o ser humano sai pela vida em busca de si mesmo, a primeira coisa que deve fazer é prestar atenção nos outros. Não há eu sem os outros. As vidas ao nosso redor costumam determinar a nossa.

Muita gente não tem, mas milhares têm, sim, a ver com a sua vida. O pão que você comeu esta manhã foi fruto do trabalho de muita gente no campo e na cidade. Passou por quem vendeu as sementes, quem adubou a terra, quem plantou, quem cuidou, quem colheu, quem transportou, quem beneficiou, quem tornou a transportar, quem fez o pão, quem comprou e quem o pôs na sua mesa. Inclua, ainda, quem fez as rodas, os tratores, os caminhões, o forno, os sacos, os inseticidas, as máquinas de irrigação.

42

Crises e cruzes

Nossos pais humanos nos corrigiam, como melhor lhes parecia, por um tempo passageiro; Deus, porém, nos corrige em vista do nosso bem, a fim de partilharmos a sua própria santidade. Na realidade, na hora em que é feita, nenhuma correção parece alegrar, mas causa dor. Depois, porém, produz um fruto de paz e de justiça para aqueles que nela foram exercitados. Portanto, firmai as mãos enfraquecidas e os joelhos vacilantes; tornai retas as trilhas para os vossos pés, para que não se destronque o que é manco, mas antes seja curado.

(Carta aos Hebreus 12,10-13)

Você já deve ter passado por alguma crise e ouvido falar do verbo "acrisolar": é o ato de, no crisol, separar o ouro de suas impurezas. Crise, originalmente, é uma palavra positiva. Traz no bojo a ideia de purificação; continua sendo positiva. Na maioria dos casos têm o aspecto consolador: aperfeiçoa e acrisola a pessoa.

Com as crises, vêm as cruzes. Cruzes lembram sofrimento. Crises lembram purificação. Num certo sentido, cruzes são crises. Não poucas vezes, o sofrimento molda o caráter. Caráter é acento, definição, impressão, marca que distingue. A maneira como luta define o guerreiro ou o covarde, o vencedor ou o derrotado. E não vale vencer de qualquer jeito. Quem vence usando truques sujos é mais perdedor do que imagina.

43

Filho: um presente de Deus

Filhos, obedecei a vossos pais, no Senhor, pois isto é de justiça. "Honra teu pai e tua mãe" – este é o primeiro mandamento que vem acompanhado de uma promessa –"a fim de que sejas feliz e tenhas longa vida sobre a terra". E vós, pais, não provoqueis revolta nos vossos filhos; antes, educai--os com uma pedagogia inspirada no Senhor.

(Carta aos Efésios 6,1-4)

Tenham em mira estes conceitos de pais aprendizes.

Vocês não fizeram um filho: Deus lhes deu um filho. Milhões de casais querem ter um filho e não conseguem. Não é apenas questão de querer. Filhos são um dom que depende da natureza, do casal e da vontade do Criador. Vocês não decidiram que teriam um filho: decidiram que o queriam. Quem decidiu se vocês o teriam foi Deus. A obra é dele por meio de vocês. Milhões decidem ter e não conseguem.

Filhos são um dom do casal e um dom para o casal. Se vocês são cristãos, digam que Deus lhes deu um filho. Alguns filhos vieram não planejados, mas eram desejados. Alguns nem vieram planejados, nem foram desejados. Milhões de filhos foram desejados apenas por uma mulher ou por um homem. Você certamente não gostaria de ser aceito à força. É bom ser desejado. Se seu filho não foi planejado, que seja ao menos desejado e aceito. Gravidez indesejada é uma coisa, filho indesejado é outra.

44

Carinho e atenção

Sobretudo, cultivai o amor mútuo, com todo o ardor, porque o amor cobre uma multidão de pecados. Sede hospitaleiros uns com os outros, sem reclamações. Como bons administradores da multiforme graça de Deus, cada um coloque à disposição dos outros o dom que recebeu. Se alguém tem o dom de falar, fale como se fossem palavras de Deus. Se alguém tem o dom do serviço, exerça-o como capacidade proporcionada por Deus, a fim de que, em todas as coisas, Deus seja glorificado.

(Primeira Carta de Pedro 4,8-11a)

Sem água não existe vida. É elemento essencial. Não há planta que viva sem ela. Demais, afoga e de menos faz falta. Algumas plantas resistem por mais tempo, mas também morrem. Desde a mais tenra à mais resistente. Por isso terra seca e ferida espera que alguém a traga de longe ou que ela caia do céu.

Carinho também. Sem ele a família não funciona. Demais, afoga e estraga, de menos, deixa enormes carências. Alguns membros resistem mais tempo, mas sem ternura morrem por dentro.

Que pais e avós sejam atenciosos, pacientes e carinhosos. Teremos menos revolta e menos problemas sociais. Que os jardineiros protejam e reguem suas flores! Que os pais protejam e cuidem bem de seus filhos. E lhes deem mais colo, por mais sacrifício que isso lhe custe! Afinal, para isso se tornaram pais. Ou não foi?

45

Perdoe-me! Desculpe-me!

Portanto, como eleitos de Deus, santos e amados, vesti-vos com sentimentos de compaixão, com bondade, humildade, mansidão, paciência; suportai-vos uns aos outros e, se um tiver motivo de queixa contra o outro, perdoai-vos mutuamente. Como o Senhor vos perdoou, fazei assim também vós. Sobretudo, revesti-vos do amor, que une a todos na perfeição.

(Carta aos Colossenses 3,12-14)

Aquilo que um casal mais deseja é a união no lar. Mas a união deles e a harmonia entre os filhos ficam difíceis quando o casal imagina que isso virá de fora. Pior ainda, quando se perde a classe e se recorre a palavras duras, quando não mais se respeita, nem se suporta, não se fala, não se dá carinho.

Quem deseja ter rosas ao redor da casa precisa cultivá-las desde o primeiro ato. Quem deseja paz e união precisa saber que não acha tais valores nem no banco, nem em banca de feira. Não são bens de consumo ou adquiríveis a preço de feira. Quem os quer precisa plantá-los pessoalmente e pessoalmente cuidar para que produzam frutos.

Sem humildade não dá. Perdoar requer uma dose imensa de humildade. E humildade é condição fundamental para a vida a dois. Matrimônio sem "me perdoe", "me desculpe", "eu te perdoo", "eu te desculpo" é matrimônio de alto risco. Tire o perdão do matrimônio e terá divórcio à vista.

46

A bicicleta da vida

Ninguém te menospreze por seres jovem. De tua parte, procura ser para os que creem um exemplo, pela palavra, pela conduta, pelo amor, pela fé, pela castidade. Até que eu chegue aí, dedica-te à leitura, à exortação, ao ensino. Reflete bem nisto, ocupa-te destas coisas, para que o teu progresso seja manifesto a todos. Presta atenção quanto a ti e o que ensinas. Persevera nessas disposições e nessas práticas. Agindo assim, salvarás a ti mesmo e aos que te ouvem.

(Primeira Carta a Timóteo 4,12-13.15-16)

Viver é um aprendizado, como o é o da criança que aprende a andar de bicicleta. Houve um dia na sua vida no qual você decidiu que aprenderia, com seus irmãos ou amigos, a controlar a bicicleta. A primeira coisa que aprendeu foi que, para controlar a bicicleta, primeiro tinha que controlar a si mesmo, aprendeu a controlar as coisas e, entre elas, a bicicleta. Mas controlar-se foi fundamental...

Nada na vida faz sentido sem o equilíbrio interior. Temperança e equilíbrio ajudam a tomar decisões sábias e inteligentes em favor de si e dos outros. Saber temperar os alimentos é acrescentar-lhe gosto e qualidade, pôr tempero na vida é torná-la mais saborosa e mais enriquecida. Viver bem supõe a capacidade de escolher certo. Uma pessoa está suficientemente madura quando sabe fazer escolhas importantes e vitais, sem ferir necessariamente nem a si nem às outras.

47

Viver é como andar de bicicleta

Sim, irmãos, fostes chamados para a liberdade. Porém, não façais da liberdade um pretexto para servirdes à carne. Pelo contrário, fazei-vos servos uns dos outros, pelo amor. Pois toda a lei se resume neste único mandamento: "Amarás o teu próximo como a ti mesmo". Eu vos exorto: deixai-vos sempre guiar pelo Espírito. O fruto do Espírito, porém, é: amor, alegria, paz, paciência, amabilidade, bondade, lealdade, mansidão, domínio próprio.

(Carta aos Gálatas 5,13-14.16a.22-23)

Voltemos ao exemplo da bicicleta. Quando finalmente você aprendeu a controlar os movimentos, distribuir o peso sobre ela, controlar as marchas, controlar os freios... Você está pronto para andar sozinho e enfrentar o trânsito da cidade. Aplique o mesmo conceito à sua vida.

A vida é sua, mas se não aprender a tomar decisões corretas não aprenderá nunca. As pessoas param de cair da bicicleta quando aprendem a tomar decisões rápidas e certas em cima dela. Você nem se dá conta, mas para andar dois quilômetros toma pelo menos trezentas decisões. Freia, desvia, acelera, ultrapassa, dá lugar, obedece aos sinais de trânsito, equilibra-se. Equilibrar-se é o que você mais faz. Viver não é diferente! Coordene seus movimentos, aprenda a tomar decisões, ache seu equilíbrio e cuide para não ferir os outros.

48

A saúde da família

Eu vos exorto, irmãos, pela misericórdia de Deus, a oferecerdes vossos corpos em sacrifício vivo, santo e agradável a Deus: este é o vosso verdadeiro culto. Não vos conformeis com este mundo, mas transformai-vos, renovando vossa maneira de pensar e julgar, para que possais distinguir o que é da vontade de Deus, a saber, o que é bom, o que lhe agrada, o que é perfeito. Pela graça que me foi dada, recomendo a cada um de vós: ninguém faça de si uma ideia muito elevada, mas tenha de si uma justa estima, de acordo com o bom senso e conforme a medida da fé que Deus deu a cada um.

(Carta aos Romanos 12,1-3)

De tal maneira tornou-se preocupação, que o cuidado com o corpo atinge as raias da idolatria. Fala-se que saúde é tudo e o resto não interessa, deseja-se saúde, liga-se saúde à felicidade e disfunção orgânica ou enfermidade à infelicidade. Valoriza-se mais o corpo são do que a mente sadia. Num mundo em que se idolatram o corpo, a estética, a beleza e se encara a enfermidade ou a falta de saúde como desastre, sua família deve entender que, se a saúde custa cada dia mais caro, a enfermidade custa o dobro.

Aprendam a cuidar da saúde da família. Estudem, leiam, descubram os alimentos que fazem bem e os que trazem perigo. Cuidado com as drogas, o cigarro, a vida sedentária, o excesso de álcool... e tudo aquilo que prejudica o equilíbrio do corpo e da mente. Para não ter que levar seus filhos demais ao hospital, traga a saúde para seu lar!

49

Deus é glorificado nos seus santos

Vós sois a luz do mundo. Uma cidade construída sobre a montanha não fica escondida. Não se acende uma lâmpada para colocá-la debaixo de uma caixa, mas sim no candelabro, onde ela brilha para todos os que estão em casa. Assim também brilhe a vossa luz diante das pessoas, para que vejam as vossas boas sobras e louvem o vosso Pai que está nos céus.

(Evangelho de Mateus 5,14-16)

Venerar os santos é adorar o Deus que os fez santos, porque é isso o que os santos fazem (Sl 145,10). Deus é glorificado por ser quem é, mas também por fazer o que faz e por suas obras e pelas suas criaturas. É por isso que admiramos e louvamos a Deus pelos santos e, de vez em quando, pedimos aos seus santificados que orem por nós, para que, um dia, cheguemos aonde eles chegaram.

Foi Deus que fez os santos, os daqui e os do céu. Foi ele que fez os santos anjos, os santos patriarcas, os santos profetas, os santos mártires, os santos confessores e adoradores e os santos solidários. Foi a graça de Deus que deu a cada um a sua missão e a sua força. Por isso, cultuar a memória de algum santo que Deus fez é louvar a Deus. A Bíblia sugere isso, quando louva a Deus nos seus santos (Sl 16,3). Maria lembra que seria louvada por causa do que Deus fez por ela (Lc 1,49).

50

A caminho da santidade

Sabeis muito bem que nunca bajulamos ninguém, nem fomos movidos por alguma ambição disfarçada – Deus é testemunha. Também não buscamos glória humana, nem junto de vós nem junto de outros, embora, como apóstolos de Cristo, pudéssemos fazer valer a nossa autoridade. Entretanto, nos tornamos pequenos no meio de vós. Imaginai uma mãe acalentando os seus filhinhos, assim a nossa afeição por vós. Estávamos dispostos, não só a comunicar-vos o evangelho de Deus, mas a dar-vos nossa própria vida, tão caros vos tínheis tornado a nós!

(Primeira Carta aos Tessalonicenses 2,5-8)

Os santos são misericordiosos para com quem não é misericordioso com eles. Procure uma pessoa solidária, que diz a verdade, ama, perdoa, pede perdão e achará uma pessoa a caminho da santidade. Santo rima com solidário!

Os santos nos impressionam por isso. Foram e são servos de Deus. Por isso a Igreja primeiro declara alguém servo de Deus, venerável, digno de respeito e admiração, depois o proclama bem-aventurado e, a seguir, santo. Podemos imitá-lo, porque sua vida seguramente aponta para Jesus. Nenhum dos santos de verdade vai levar-nos a ele mesmo. Os santos não procuram holofotes. São setas apontando para o Cristo. Eles nunca puxam ninguém para si, nem afastam ninguém do Cristo.

51

A mística da bênção

O amor seja sincero. Detestai o mal, apegai-vos ao bem. Que o amor fraterno vos una uns aos outros, com terna afeição, rivalizando-vos em atenções recíprocas. Sede zelosos e diligentes, fervorosos de espírito, servindo sempre ao Senhor, alegres na esperança, fortes na tribulação, perseverantes na oração. Mostrai-vos solidários com os santos em suas necessidades, prossegui firmes na prática da hospitalidade. Abençoai os que vos perseguem, abençoai e não amaldiçoeis.

(Carta aos Romanos 12,9-14)

Com a vinda de Jesus, a mística da bênção se aprofunda. Jesus manda abençoar inclusive quem nos amaldiçoa (Lc 6,28; Mt 5,43). Paulo diz o mesmo aos cristãos de Corinto: quando somos amaldiçoados, abençoamos (1Cor 4,13). Os apóstolos pedem a graça e a bênção de Deus sobre os fiéis. São raríssimos os casos de maldição. A nova lei assenta-se no princípio do "amai-vos uns aos outros", incluindo a si mesmo.

Os cristãos aparecem abençoando inimigos, orando por eles, respondendo ao ódio e à maldição com amor e bênção à maneira de Jesus, entregando seus inimigos à ternura e ao perdão de Deus. O mundo sob a ótica cristã é um mundo para ser abençoado e não maldito. A bênção, entre os cristãos, ocupa o lugar da maledicência, da calúnia e da maldição. Maldição ou punição, só em casos raríssimos. Cristão não amaldiçoa.

52

Filhos abençoados

Algumas pessoas traziam crianças para que Jesus as tocasse. Os discípulos, porém, as repreenderam. Vendo isso, Jesus se aborreceu e disse: "Deixai as crianças virem a mim. Não as impeçais, porque a pessoas assim é que pertence o Reino de Deus. Em verdade vos digo: quem não receber o Reino de Deus como uma criança, não entrará nele!". E abraçava as crianças e, impondo as mãos sobre elas, as abençoava.

(Evangelho de Marcos 10,13-16)

Na Igreja Católica, o casal tem poder de bênção que, por falta de maior reflexão, tem sido pouco usado. Ganharam uma vida de presente e devem abençoar constantemente esta vida, ensinar palavras boas, dizer palavras boas: *bene-dicere*: "bem-dizer, abençoar". O bem-dizer precisa ser maior do que qualquer outra palavra nos lábios de quem tem filho. Que falem mil vezes o bem, de Deus e de Jesus, e eventualmente do demônio e de seus males. Que o universo dos filhos seja um universo positivo e não medroso e negativo de quem passa pela vida se defendendo dos inimigos. Deus pode mais e por causa dele os abençoados podem mais.

Antigamente os filhos pediam a bênção aos pais, muito mais do que hoje, e estes abençoavam os filhos muito mais do que hoje. Foi um grande valor que se perdeu em nome da modernidade. O poder de abençoar os filhos nasce do amor conjugal!

53

Abençoados e abençoadores

Sede todos unânimes, compassivos, fraternos, misericordiosos e humildes. Não pagueis o mal com o mal, nem ofensa com ofensa. Ao contrário, abençoai, porque para isto fostes chamados: para serdes herdeiros da bênção. "De fato, quem quer amar a vida e ver dias felizes, guarde a sua língua do mal e seus lábios de falar mentira. Afaste-se do mal e faça o bem, busque a paz e vá ao seu encalço. Pois os olhos do Senhor estão sobre os justos e seus ouvidos estão atentos à sua prece".

(Primeira Carta de Pedro 3,8-12a)

Muitos sacerdotes têm o hábito de, ao abençoar crianças e jovens, pedirem aos pais que imponham junto suas mãos sobre seus filhos, porque sabem o poder da bênção de um casal amoroso. Palavras curam e o amor mais ainda. Muito mais o amor paterno e materno.

Sua família pode evangelizar abençoando. Evitem amaldiçoar. Façam de sua família fonte de bênção e não de maldição ou maledicências. Seus filhos crescerão mais sadios. E não deixem de impor as mãos sobre a testa, o ombro ou a cabeça de seus filhos. Abençoem sempre. A maternidade e a paternidade lhes dão esse crédito. Criar uma família é um sacerdócio. Com o sacerdote e com a comunidade, o casal abençoe seus filhos e o seu país! Quem ama tem esse direito!

54

Ombro e colo

Imaginai uma mãe acalentando os seus filhinhos, assim a nossa afeição por vós. Estávamos dispostos, não só a comunicar-vos o evangelho de Deus, mas a dar-vos nossa própria vida, tão caros vos tínheis tornado a nós! Sabeis também que, como um pai faz com seus filhos, nós exortamos e encorajamos e adjuramos todos e a cada um de vós a que leveis uma vida digna de Deus, que vos chama para o seu reino e glória.

(Primeira Carta aos Tessalonicenses 2,7b-8.11-12)

O que falta para os jovens da nossa geração é um pouco mais de ouvidos de seus pais. Muitos rapazes e meninas não conhecem esta graça. Seus pais, ou não têm tempo, ou não levam jeito. Por isso não conversam; por isso, nunca dão nem ombro nem colo. Aí, esses adolescentes ou jovens têm a escolha de ficar sem ombro e sem colo ou procurar ombro e colo malicioso fora de casa. Felizes eles quando encontram abrigo e ouvido em alguém da família; felizes quando encontram bons amigos, gente que realmente quer o seu bem e os ajudam a não ter medo de vida! As igrejas também precisam ampliar o seu colo espiritual.

O fato é que temos milhões de adolescentes e jovens que a última vez que ganharam um beijo, um abraço, um olhar amigo e uma palavra em casa foi há meses. Isso devia acontecer todos os dias e até várias vezes ao dia. O ser humano é tocado a carinho, ternura, conversa e amizade. Faltando isso, vai buscar em lugar errado.

55

Escola de pais

Conservai a paz entre vós. Pedimos-vos, irmãos: chamai a atenção dos que levam vida desordenada, animai os tímidos, sustentai os fracos, sede pacientes para com todos. Tomai cuidado para que ninguém retribua o mal com o mal, mas procurai sempre o bem entre vós e para com todos. Estai sempre alegres. Orai continuamente. Dai graças, em toda e qualquer situação, porque esta é a vontade de Deus, no Cristo Jesus, a vosso respeito.

(Primeira Carta aos Tessalonicenses 5,13b-18)

Um homem e uma mulher se olharam, gostaram-se, desejaram-se, aproximaram-se, sentiram que poderiam caminhar juntos, aceitaram as consequências de unir suas vidas, quiseram correr o risco, casaram-se, entregaram-se os corpos e, muitos meses depois daquelas entregas, ela anunciou que uma vida se formava no seu ventre. Ficaram felizes. Afinal, seu sonho era perpetuar-se, procriar, gerar outro ser. Queriam ser pais.

Mas sonhar em ser pais é uma coisa, e ser pais de verdade é outra. Não se para no instinto de procriação. Teriam que ser educadores e formadores de outro ser, além de cuidar do corpo do ser masculino ou feminino e prepará-lo para compartilhar sua vida com outras pessoas, a começar com a própria família. Teriam que mirar mais adiante. O dia em que tomaram consciência dos deveres que teriam que assumir, começou para eles a escola de pais.

61

56

Augúrios à família

Eis por que não cessamos de orar por vós, para que o nosso Deus vos faça dignos do seu chamado e, por seu poder, vos leve a realizar todo o bem que desejais fazer e a obra da vossa fé. Assim, o nome de nosso Senhor Jesus Cristo será glorificado em vós, e vós sereis glorificados nele, segundo a graça do nosso Deus e do Senhor Jesus Cristo.

(Segunda Carta aos Tessalonicenses 1,11-12)

Que vocês não se casem de repente. Que nada nem ninguém os separe. De corpo e de mente, serenamente! Que nunca tenham que mendigar. Que não precisem morar na rua. Que nunca deixem de repartir. Que ninguém interfira no amor de vocês. Que vocês sejam sábios e aceitem conselhos: de amor existe gente que sabe mais!

Que ninguém lhes tire o horizonte nem o sonho. Que vocês se amem sem medida. Que vocês se perdoem sempre. Que seus filhos percebam que vocês se amam. Que aprendam a conviver com vocês. Que eles ganhem bastante beijo e abraço de mãe e bastante ombro e colo de pai.

57

Família que ora, melhora!

Meu querido filho: graça, misericórdia e paz, da parte de Deus Pai e do Cristo Jesus, nosso Senhor! Dou graças a Deus – a quem sirvo com a consciência pura como aprendi de meus pais –, quando sem cessar, noite e dia, faço menção de ti em minhas orações. Lembrando-me de tuas lágrimas, sinto grande desejo de rever-te e, assim, encher-me de alegria. Recordo-me também da fé sincera que há em ti, fé que habitou, primeiro, em tua avó Loide e em tua mãe Eunice, e que certamente habita também em ti.

(Segunda Carta a Timóteo 1,2b-5)

Que vocês não se cansem nunca de amar. Que não haja traição, nem mesmo em pensamento. Que o firmamento de vocês seja cheio de estrelas, com pouquíssimas nuvens negras. Se elas vierem, que o vento forte da fé as mande embora. Que a ternura seja a sua estrela mais brilhante.

Sejam bondosos o tempo todo com os filhos; bondosos mas exigentes. Comecem e terminem sabendo por que e para onde vão. Que seus ombros de homem carreguem a graça dos pais serenos e realizados. Que seu colo de mulher seja imenso e disponível. Orem um pelo outro e orem por si mesmos. Sobretudo, orem por seu amor, por seu lar e por seus filhos. Que seu amor dure uma eternidade. Se aqui já é tão bom, imagine então lá perto de Deus!

58

O amor requer cultivo

Sede, pois imitadores de Deus como filhos queridos. Vivei no amor, como Cristo também nos amou e se entregou a Deus por nós como oferenda e sacrifício de suave odor. Nada de palavrões ou conversas tolas, nem de piadas de mau gosto: são coisas inconvenientes; entregai-vos, antes, à ação de graças. Entoai juntos salmos, hinos e cânticos espirituais; cantai e salmodiai ao Senhor de todo coração.

(Carta aos Efésios 5,1-2.4.19)

Que a família não acabe nunca. Sobretudo, que nenhuma família termine por falta de amor. Cultive sua roseira, senão ela murcha. Não confie só na luz do alto. Use seus braços para ajudar a luz do alto. Não a coloque debaixo de sua casa: é na frente, para enfeitar. Não a deixe em lugar sem luz: roseiras não vivem sem luz.

Não a machuque na hora de lhe tirar os espinhos. Não lhe tire todos os espinhos: eles a ajudam a viver. Roseiras se defendem: o amor também. Não corte as rosas: deixe-as na roseira. Rosas colhidas morrem em três dias, na roseira duram muito mais tempo.

Se você não cultivar suas árvores, não vai colher muitos frutos. Aprenda a adubar, enxertar, podar, regar, tudo no tempo certo. Conheça bem o que você plantou. Tudo depende mais do cultivo do que da plantação. Jardineiros não trocariam isto por nada: o prazer de ver crescer.

59

O cuidado da vida familiar

A um mais velho não repreendas, mas aconselha como a um pai; aos mais moços, como a irmãos; às idosas, como a mães; às mais jovens, como a tuas irmãs, com toda a castidade. Honra as viúvas – as que o são propriamente. Mas se uma viúva tem filhos ou netos, que estes aprendam, primeiro, a praticar a piedade para com seus próprios familiares e, portanto, aprendam a retribuir aos pais o que deles receberam. Isto é agradável a Deus. Quem não cuida dos seus e, principalmente, dos de sua casa renegou a fé e é pior que um infiel.

(Primeira Carta a Timóteo 5,1-4.8)

Que a família nunca acabe por falta de cuidado! Nunca por falta de cultivo! Nunca por falta de carinho! Nunca por falta de amor!

Não deixe sua família morrer. Todos os dias dê um beijo, uma palavra bonita, um abraço. Todos os dias olhe nos olhos ou finja que está carente, para aquele filho que não foi gentil. Admita que precisa. Cuidado com essas bobagenzinhas que, ampliadas, viram uma catástrofe. Quem briga demais por uma camisa mal passada, por um prato quebrado, ou por um vaso fora de lugar, está chamando crise. Quem reclama demais está começando a trincar seu vaso de porcelana. Quem nunca elogia está arrumando desamor. Nunca, mas nunca por falta de amor!

Já pediu desculpas este mês?... Já disse "eu te amo" desde que levantou hoje de manhã?

60

Preces por um matrimônio

*Tobias levantou-se do leito e disse a Sara: "Levanta-te! Oremos e su-
pliquemos a nosso Senhor para que nos conceda misericórdia e saúde". Ela
levantou-se e começaram a orar e suplicar ao Senhor. Esta foi sua oração:
"Bendito és tu, Deus de nossos pais, e bendito é teu nome pelos séculos
dos séculos. Tu fizeste Adão e lhe deste como auxiliar e amparo Eva, e de
ambos surgiu a descendência humana. Foste tu que disseste que não é bom
o homem ficar só: façamos para ele uma auxiliar que lhe seja semelhante.
Ordena que tenhas misericórdia de mim e dela, e que possamos chegar, os
dois, a uma ditosa velhice". E ambos disseram: "Amém".*

(Livro de Tobias 8,4b.-5.7b-8)

Que não seja um momento fugaz este santo momento! Que
a partir desta hora feliz nenhum dos dois se arrependa!
Que este amor, que de tão eficaz já virou sacramento, seja mais,
cresça mais, brilhe mais a cada nova estação!

Que a luz de Jesus os ensine a brilhar. Que a graça do Pai
os ensine a sonhar. Que a graça do Espírito Santo, em seu lar,
plante a paz e semeie a certeza; haja pão e alimento em sua mesa
e apesar dos pesares da vida, vocês nunca se cansem de amar!

61

Ser o primeiro é ser servidor

Tiago e João, filhos de Zebedeu, aproximaram-se de Jesus e lhe disseram: "Mestre, queremos que faças por nós o que te vamos pedir". Ele perguntou: "Que quereis que eu vos faça?". Responderam: "Permite que nos sentemos, na tua glória, um à tua direita e o outro à tua esquerda!". Jesus então os chamou e disse: "Sabeis que os que são considerados chefes das nações as dominam, e os seus grandes fazem sentir seu poder. Entre vós não deve ser assim. Quem quiser ser o maior entre vós seja aquele que vos serve, e quem quiser ser o primeiro entre vós seja o escravo de todos. Pois o Filho do Homem não veio para ser servido, mas para servir e dar a vida em resgate por muitos".

(Evangelho de Marcos 10,35-37.42-45)

Se algum dia for o primeiro, seja quem mais serve (Jo 13,14); se for o último, assim mesmo saiba do seu valor (1Cor 15,9). Entre os cristãos a questão não é a de subir ao pódio, nem de chegar primeiro, mas de jogar limpo e dar o melhor de si. Entre nós, vence quem joga limpo...

A histeria do carreirismo, do sucesso e do pódio tem desequilibrado milhares de pessoas. Não há nada de errado em ser o primeiro. O perigo está em achar que ser primeiro é ser o melhor. Não é!...

62

Quem é o vitorioso?

Quanto a mim, já estou sendo oferecido em libação, pois chegou o tempo da minha partida. Combati o bom combate, terminei a corrida, guardei a fé. Desde agora, está reservada para mim a coroa da justiça que o Senhor, o justo juiz, me dará naquele dia, não somente a mim, mas a todos os que tiverem esperado com amor a sua manifestação.

(Segunda Carta a Timóteo 4,6-8)

Mesmo não sendo "o" vencedor, será um vencedor quem não tiver desistido da maratona. Seguem um discípulo de Jesus, chamado Paulo de Tarso, que chega ao fim da vida dizendo que perdeu, mas venceu; que a cruz de Jesus foi vitória (Gl 6,14); que o que para um pagão foi escândalo para um cristão foi glória (1Cor 1,18); que fez uma boa luta, mas não diz se derrotou alguém; chegou ao fim da maratona, mas não diz se chegou em primeiro (2Tm 4,7); e garante que se daria por feliz se de todo o seu trabalho de missionário resultassem apenas algumas conversões para Cristo (Rm 11,14). E esse Paulo se atreve a dizer que em tudo isso alguém pode ser mais do que vencedor em Cristo... (Rm 8,37).

Mas o que, precisamente, é ser vitorioso? Grande número de famosos, poderosos e vencedores morreu de tristeza, de overdose, ou de violência! Sócrates, Jesus, Mahatma Gandhi, Luther King perderam, mas quem os derrotou perdeu muito mais do que eles!

63

O criador e sua obra

Na verdade, é Deus que produz em vós tanto o querer como o fazer, conforme o seu agrado. Fazei tudo sem murmurar nem questionar, para que sejais irrepreensíveis e íntegros, filhos de Deus sem defeito, no meio de uma geração má e perversa, na qual brilhais como luzeiros no mundo, apegados firmemente à palavra da vida. Assim, no dia de Cristo, tereis a glória de não ter corrido em vão, nem trabalhado inutilmente.

(Carta aos Filipenses 2,13-16)

Todos os dias Deus acrescenta mais um traço ao projeto que é você. Por isso mesmo, você está se tornando a realidade para a qual foi destinado. Os cristãos dizem que Deus não cria a esmo. Não criou você por acaso, nem em série. Você é único. Não é cópia e não haverá cópia de você. No dia em que morrer provavelmente não haverá cópia de você. No dia em que morrer provavelmente não haverá traços a acrescentar, mas, enquanto você estiver vivo, haverá sempre um detalhe a ser melhorado.

Deixemos a luz entrar. Existe alguém querendo continuar sua obra em nós. A criação não terminou.

64

Mente e coração arejados

Antes de tudo, peço que se façam súplicas, orações, intercessões, ação de graças, por todas as pessoas, pelos reis e pelas autoridades em geral, para que possamos levar uma vida calma e tranquila, com toda a piedade e dignidade. Isto é bom e agradável a Deus, nosso Salvador. Ele quer que todos sejam salvos e cheguem ao conhecimento da verdade.

(Primeira Carta a Timóteo 2,1-4)

Viver tem a ver com respirar: fundamentalmente! Tornar-se pessoa tem a ver com arejar a mente. Quem não respira o oxigênio da alteridade tem pouca chance de ser pessoa saudável. Não incluir os outros e fechar-se no seu círculo de amigos, de ideologia ou de fé é como respirar com as narinas tapadas. Acostume-se, pelo seu próprio bem, pelo bem daqueles a quem você quer bem e para quem quer tudo de bom, a abrir todos os dias as janelas do seu coração, como faz com as da casa onde você mora. Mesmo quando chove, você dá um jeito de abrir ao menos parte da casa. A casa precisa de oxigênio e de luz. Também seu coração e sua família.

Comece o dia orando, beijando e abraçando aqueles e aquelas que Deus lhe deu. Carinho é como alimento: não se prive e não prive deles os que você diz que ama e com quem assumiu um compromisso de vida.

65

Discordar sem discórdia

Busca a justiça, a fé, o amor, a paz com aqueles que invocam o Senhor, de coração puro. Evita as discussões tolas e descabidas, sabendo que geram rixas. Ora, não convém que o servo do Senhor viva discutindo, mas que seja manso para com todos, pronto para ensinar, paciente. Com brandura, ele deve instruir os opositores, pois talvez Deus lhes conceda que se convertam, reconheçam a verdade e voltem à sensatez.

(Segunda Carta a Timóteo 2,22b-26a)

Discorde com honestidade, graça, humildade e coragem de quem tem ideias políticas, filosóficas e teológicas diferentes das suas. Discorde das outras religiões e dos outros pregadores. Discorde de amigo, pai e mãe, irmãos da mesma Igreja. É seu direito de profeta. Se não puder concordar, discorde. Mas não esqueça que discordar não é amar menos. Se ao discordar você ficar irado e se exaltar, mude de assunto. Você não tem o direito de ferir ninguém.

Quem não respeita e deixa de amar aqueles de quem discorda, não está pronto para o diálogo. Se eles, a quem você falar, forem honestos e sinceros, aceitarão sua discordância. Se você for honesto e sincero, aceitará que eles pensem ou creiam de outro jeito. Discorde sem cair em discórdia. Fale, não se cale, mas não ofenda o interlocutor.

66

Paz que muda o mundo

O Defensor, o Espírito Santo que o Pai enviará em meu nome, ele vos ensinará tudo e vos recordará tudo o que eu vos tenho dito. Deixo-vos a paz, dou-vos a minha paz. Não é à maneira do mundo que eu a dou. Não se perturbe, nem se atemorize o vosso coração. Ouvistes o que eu vos disse: "Eu vou, mas voltarei a vós". Se me amásseis, ficaríeis alegres porque vou para o Pai, pois o Pai é maior do que eu. Disse-vos isso agora, antes que aconteça, para que, quando acontecer, creiais.

(Evangelho de João 14,26-29)

Jesus propõe que, para que a paz que ele propõe se estabeleça, nosso eu se adapte à realidade de um mundo que precisa ser mudado pela solidariedade. Vai conquistar o Reino quem descrucificar os crucificados pela dor ou pelas injustiças do mundo (Mt 25,31-46). Um simples copo de água dado com amor pode fazer a diferença na construção da paz. A paz do mundo se revela sempre instável, porque uma coisa é querer a paz e outra é torná-la possível.

67

Cultura da paz

Mantende um bom entendimento uns com os outros; não sejais pretensiosos, mas acomodai-vos às coisas humildes. Não vos considereis sábios aos próprios olhos. A ninguém pagueis o mal com o mal. Empenhai-vos em fazer o bem diante de todos. Na medida do possível e enquanto depender de vós, vivei em paz com todos. Caríssimos, não vos vingueis de ninguém. Pelo contrário, se teu inimigo estiver com fome, dá-lhe de comer; se estiver com sede, dá-lhe de beber. Não te deixes vencer pelo mal, mas vence o mal pelo bem.

(Carta aos Romanos 12,16-19a.20-21)

A cultura da paz é o zelo pelas crianças e pelos enfermos ou carentes, é a coragem de anunciar e denunciar, de falar em defesa de quem não sabe se defender, é a firme defesa da vida em todos os seus estágios...

A cultura da paz é a partilha dos bens, a consciência de que se alguém pode e tem mais precisa ajudar quem não pode e tem menos; a humildade de não querer os primeiros lugares; a maturidade de saber perder sem ressentimentos e de saber vencer sem prepotência.

A cultura da paz é a busca sincera da verdade, o respeito por quem pensa ou é diferente, a coragem de lutar pela coletividade e de renunciar a vaidades e projetos pessoais quando nosso povo não tem o mínimo necessário.

68

Há lugar para todos

Há diversidade de dons, mas o Espírito é o mesmo. Há diversidade de ministérios, mas o Senhor é o mesmo. Há diferentes atividades, mas é o mesmo Deus que realiza tudo em todos. A cada um é dada a manifestação do Espírito, em vista do bem de todos. A um é dada pelo Espírito uma palavra de sabedoria; a outro, uma palavra de conhecimento segundo o mesmo Espírito. A outro é dada a fé, pelo mesmo Espírito. A outro são dados dons de cura, pelo mesmo Espírito. A outro, o poder de fazer milagres. A outro, a profecia. A outro, o discernimento dos espíritos. A outro, diversidade de línguas. A outro, o dom de as interpretar. Todas essas coisas as realiza um e o mesmo Espírito, que distribui a cada um conforme quer.

(Primeira Carta aos Coríntios 12,4-11)

A felicidade depende disso: de um lugar adequado para o nosso eu no meio de bilhões de outros. Realizar-se depende de saber quem somos e também de ajudar alguém a ser quem é ou quem deveria ser.

Não se vive entre bilhões de seres humanos sem pequenos e grandes sacrifícios. É impossível construir relações sólidas e duradouras sem ascese. O mundo é grande, porém, se quisermos que ele funcione a contento, nosso espaço terá que ser pequeno e delimitado. Quando o nosso eu se expande em excesso e se faz demasiadamente espaçoso, é porque invadiu o lugar dos outros.

69

O caminho é Jesus

Assim como acolhestes o Cristo Jesus, o Senhor, assim continuai caminhando com ele. Continuai enraizados nele, edificados sobre ele, firmes na fé tal qual vos foi ensinada, transbordando em ação de graças. Que ninguém vos faça prisioneiros de teorias e conversas sem fundamento, conforme tradições humanas, segundo os elementos do cosmo, e não segundo Cristo. Pois nele habita corporalmente toda a plenitude da divindade.

(Carta aos Colossenses 2,6-9)

A doutrina que Jesus oferecia de mudança de vida, fé e convivência primeiro foi chamada de "o caminho" (cf. At 9,2; 18,25; 19,9). Em vista do nome "cristãos", que pela primeira vez foi usado em Antioquia (cf. At 11,26), aos poucos ela recebeu o nome de "Cristianismo".

Mais do que lição de bem viver, era lição de viver com os outros, pelos outros e para os outros. "Para que todos sejam um, como tu, ó Pai, o és em mim, e eu em ti; que eles também sejam um em nós, para que o mundo creia que tu me enviaste", orava Jesus (Jo 17,21).

A boa convivência faz o cristianismo. É a doutrina do diálogo, do perdão ao inimigo, da valorização do outro, de não procurar o primeiro lugar nem passar ninguém para trás, de vencer sem derrotar e de perder sem sentir-se derrotado, de mostrar-se grato e fiel.

70

Aperfeiçoar a visão

A lâmpada que ilumina o corpo é o olho. Se teu olho for límpido, ficarás todo cheio de luz; mas se teu olho for ruim, ficarás todo em trevas! Examina, pois, se a luz em ti não são trevas! Se então teu corpo estiver todo cheio de luz, sem traço algum de escuridão, ficarás totalmente iluminado, como acontece quando a lâmpada te ilumina com seu clarão.

(Evangelho de Lucas 11,34-36)

*N*ossa visão precisa ir se acostumando às luzes do saber, para que aprendamos a distinguir os fatos como eles são e como parecem. A fé não é um par de óculos. Ela é uma visão. O par de óculos se tira, se aumenta ou se diminui. A visão está em nós e precisa de lentes adequadas. Nossa visão é a fé. Os livros sobre a fé são como par de óculos ou de lupas. Livros, cursos, programas de rádio e televisão podem ampliar ou obscurecer nossa visão como católicos. É questão de saber usá-los, como é precioso saber que óculos usar para ver mais perto ou mais longe.

Podemos até mudar nossos conceitos a partir da leitura de algum texto da nossa própria Igreja ou de outros irmãos e pensadores. Mas nossa fé precisa ser maior do que aquilo que lemos.

71

Em tuas mãos

Ora, uma coisa não podeis desconhecer, caríssimos: para o Senhor, um dia é como mil anos, e mil anos como um dia. O Senhor não tarda a cumprir sua promessa, como alguns interpretam a demora. É que ele está usando de paciência para convosco, pois não deseja que ninguém se perca. Ao contrário, quer que todos venham a converter-se.

(Segunda Carta de Pedro 3,8-9)

O autor do tempo, que está acima do tempo, tem nas mãos o tempo e a eternidade. São dele os milênios, os séculos, as horas e os minutos, porque ele é o Senhor da eternidade e para cada coisa determinou o seu devido tempo (cf. Ecl 8,6). Cria aos poucos e vai oferecendo escolhas. Não nos rotula nem nos fabrica em série, porque sabe dos detalhes de cada qual (cf. Sl 139,1-4).

Levamos nove meses para emitir o primeiro som e outros doze ou quinze para juntar os sons e dar-lhes um sentido. Vivemos dependentes por muitos anos até que estejamos preparados para a liberdade. Somos marcados pela diferença porque somos todos especiais. Deus burila devagar! Nem percebemos seu dedo, mas de um jeito ou de outro lá está ele a nos retocar e a nos esculpir para a vida, mesmo que alguns dos seus toques doam mais do que os outros. Diferente da argamassa ou da pedra, podemos reagir e não querer que as coisas sejam do jeito dele. Então, optamos pelo nosso! E dá no que dá!

72

O religioso

Sede praticantes da Palavra, e não meros ouvintes, enganando-vos a vós mesmos. Se alguém julga ser religioso, mas não refreia a sua língua, engana-se a si mesmo: a sua religiosidade é vazia. Religião pura e sem mancha diante do Deus e Pai é esta: assistir os órfãos e as viúvas em suas dificuldades e guardar-se livre da corrupção do mundo.

(Carta de Tiago 1,22.26-27)

O religioso, quando quer e tem cultura suficiente, leva a esperança, o conforto da fé que aposta que, depois da montanha do viver, há mais para se ver. Ele funda creches, asilos, hospitais, morre pelos outros, defende o enfermo e o embrião, o velhinho e o pobre, organiza socorro em nome da sua fé, motiva para o diálogo, aproxima pessoas e grupos, fomenta a vida em comum, busca um sentido para a concepção, para a vida, para a dor, para o limite, para a morte, ensina o perdão, educa contra a vingança, alerta contra o ódio, acentua o "nós", no qual precisa caber o "eu" de cada um, valoriza a comunidade, mostra caminhos de abnegação e de santidade por amor a alguém maior do que todos e Pai de todos. Um religioso sereno é sempre uma luz.

O bom religioso nunca separa nem divide. Ele aglutina, dialoga, aproxima, forma para a liberdade a serviço dos outros e, se necessário, para a renúncia consciente, mas sem medo.

73

Ele está no meio de nós

Jesus disse: "Foi-me dada toda a autoridade no céu e na terra. Ide, pois, fazer discípulos entre todas as nações, e batizai-os em nome do Pai, do Filho e do Espírito Santo. Ensinai-lhes a observar tudo o que vos tenho ordenado. Eis que estou convosco todos os dias, até o fim dos tempos".

(Evangelho de Mateus 28,18-20)

O Deus invisível se fazia presente de muitas maneiras em Israel. Por isso usavam o termo *E-manu-el*: "Deus aqui entre nós". O Deus transcendente, que estava acima de tudo era também imanente, porque ele se fazia perceber.

Os cristãos viram em Jesus esta presença. Jesus é o rosto humano de Deus. Nossos tabernáculos ou sacrários são para nós certeza de que Jesus faz *shekinah* ("morada") em nossas comunidades.

Somos uma Igreja que todos os dias na Eucaristia celebra a presença de Emanuel, Deus conosco, Deus entre nós, naquela mesa. A mesa dos católicos traz esta certeza de podermos responder à saudação do padre "O Senhor esteja convosco!", com um solene "Ele está no meio de nós!".

74

As guerras e a fome no mundo

De onde vêm as guerras? De onde vêm as brigas entre vós? Não vêm, precisamente, das paixões que estão em conflito dentro de vós? Cobiçais, mas não conseguis ter. Matais, fomentais inveja, mas não conseguis êxito. Brigais e fazeis guerra, mas não conseguis possuir. Aproximai-vos de Deus, e ele se aproximará de vós. Limpai as mãos, ó pecadores, e purificai os corações, homens ambíguos.

(Carta de Tiago 4,1-2a.8)

É triste pensar que temos capacidade, mas se aquilo que se gasta em armas e tóxicos fosse gasto em grãos, verduras e frutas estaria resolvido, em poucos meses, o problema do pão em todas as mesas. É muito mais caro armazenar e transportar armas do que alimentos. Tanques de guerra custam de cem a mil vezes mais do que caminhões-caçambas ou treminhões. Depende dos mísseis que aqueles levam.

Não obstante, países extremamente pobres gastam seu dinheiro em máquinas de guerra e, de certa forma, países ricos subsidiam muito mais guerras do que paz. Uma simples bomba jogada sobre uma escola custa de cem a mil vezes mais do que a escola que ela destruiu. Tanques, aviões e munições para um governo amigo certamente orçam mais do que navios abarrotados de grãos ou milhares de poços artesianos. Não se trata de falta de terras, nem de sementes. Nem mesmo de falta de água. Mais do que fenômeno da natureza, a fome é um fenômeno humano provocado pela ganância!

75

Ternura e misericórdia

Os fariseus e os escribas, porém, murmuravam contra Jesus: "Este homem acolhe os pecadores e come com eles". Então ele contou-lhes esta parábola: "Quem de vós que tem cem ovelhas e perde uma, não deixa as noventa e nove no deserto e vai atrás daquela que se perdeu, até encontrá-la? E quando a encontra, alegre a põe nos ombros e, chegando em casa, reúne os amigos e vizinhos, e diz: 'Alegrai-vos comigo! Encontrei a minha ovelha que estava perdida!'. Eu vos digo: assim haverá no céu alegria por um só pecador que se converte, mais do que por noventa e nove justos que não precisam de conversão".

(Evangelho de Lucas 15,2-7)

A Bíblia está cheia de passagens que falam de abraço, colo, ternura, aconchego, seio do Deus que perdoa e ama. A ideia de *raham*, "colo", está expressa com clareza nos Evangelhos e nas Epístolas. Jesus tem ombro de pastor e colo amigo. Certa vez ele até mandou um agraciado ir anunciar a sua misericórdia (cf. Mc 5,19). Sugeriu que seus ouvintes e adversários aprendessem sobre o que é essencial à fé em Deus – a misericórdia (cf. Mt 9,13). Teve compaixão do povo (cf. Mt 9,36). Ofereceu-se como modelo de perdão e mansidão e os motivou a não ter medo do futuro (cf. Mt 11,29). Veio perdoar e salvar (cf. Mt 18,11). É impossível anunciar Jesus sem anunciar a sua misericórdia.

76

O colo de Deus

Não se perturbe o vosso coração! Credes em Deus, crede também em mim. Na casa de meu Pai há muitas moradas. Não fosse assim, eu vos teria dito. Vou preparar um lugar para vós. E depois que eu tiver ido e preparado um lugar para vós, voltarei e vos levarei comigo, a fim de que, onde eu estiver, estejais vós também. E para onde eu vou, conheceis o caminho.

(Evangelho de João 14,1-4)

Cremos em acolhimento na terra e no céu e anunciamos que os santos que morreram esperando a misericórdia de Jesus estão na glória. São nossos antecessores e predecessores. Estão onde estaremos: no colo de Deus. Por isso podem, sim, orar por nós, tanto quanto os "santos" daqui, mais sujeitos ao pecado que os de lá, podem orar uns pelos outros. Eles realmente estão salvos. Os "santos" daqui ainda correm algum risco. Por isso, segundo diz Paulo, operam a sua salvação com temor e tremor (cf. Fl 2,12).

Ver-nos-emos lá no céu. Quem nos precedeu e nos espera já sabe o que é viver e morrer. Nós, um dia, como eles, saberemos quem é, como foi. Lá, no "para sempre" e na eternidade, entre os salvos pela misericórdia e pelas respostas que deram a Deus e ao próximo, celebraremos para sempre as maravilhas do colo e do amor do Criador.

77

Abertura para os outros

João disse a Jesus: "Mestre, vimos alguém expulsar demônios em teu nome. Mas nós o proibimos, porque ele não andava conosco". Jesus, porém, disse: "Não o proibais, pois ninguém que faz milagres em meu nome poderá logo depois falar mal de mim. Quem não é contra nós, está a nosso favor".

(Evangelho de Marcos 9,38-40)

O fechamento num só grupo, num só autor, num só tipo de leitura ou canções, a incapacidade de orar, cantar, misturar-se aos outros católicos acaba em desvio e sectarismo.

Vai! Ouve! Anuncia! Partilha! Sê fraterno! Vê Deus agindo no outro. Acende tua luz na luz do outro e deixa o outro acender a dele na tua. Aceita iluminar e aceita ser iluminado. Prega, mas também ouve! Abre teu coração para todos e não apenas para os pregadores do teu grupo. Há mais católicos além dos de tua comunidade ou movimento e eles têm tanto acesso à graça quanto os de teu amado e querido grupo de fé.

Somos o ombro e o colo de Deus neste mundo. Não podemos nos fechar em redomas. Vivemos pelos outros, com os outros, nos outros e para os outros, como vivemos em Cristo, com Cristo, por Cristo e para Cristo.

78

O desafio de amar

Sabemos que passamos da morte para a vida, porque amamos os irmãos. Quem não ama permanece na morte. Todo aquele que odeia o seu irmão é um homicida. E sabeis que nenhum homicida tem a vida eterna permanecendo nele. Nisto sabemos o que é o amor: Jesus deu a vida por nós. Portanto, também nós devemos dar a vida pelos irmãos. Se alguém possui riquezas neste mundo e vê o seu irmão passar necessidade, mas diante dele fecha o seu coração, como pode o amor de Deus permanecer nele? Filhinhos, não amemos só com palavras e de boca, mas com ações e de verdade!

(Primeira Carta de João 3,14-18)

Amar continua sendo o maior desafio do ser humano. É mais do que sentir simpatia. É transcender. É ato de ascese. Nosso "eu" se curva ao "eu" do outro e o acolhe. A maioria dos humanos só consegue amar de verdade os do seu círculo de sangue ou de afinidade.

Gostar é relativamente fácil. Amar, que é muito mais do que gostar de alguém, é um chamado exigentíssimo. Há os que aceitam todas as consequências dessa virtude e há os seletivos: amam por um tempo, enquanto aquele relacionamento lhe traz alguma vantagem. Não conhecem o amor crucificado. Não conseguem permanecer fiéis, nem mesmo aos amigos de ontem. Nem sequer os reconhecem como amigos depois que mudam de ambiente, quando se tornam ricos e famosos, ou depois que algum deles ousou corrigi-los. Só amam quem os elogia ou os deixa totalmente livres. Não suportam cobranças nem contradições.

79

Oração pela unidade

Assim Jesus falou, e elevando os olhos ao céu, disse: Que todos sejam um, como tu, Pai, estás em mim, e eu em ti. Que eles estejam em nós, a fim de que o mundo creia que tu me enviaste. Eu lhes dei a glória que tu me deste, para que eles sejam um, como nós somos um: eu neles, e tu em mim, para que sejam perfeitamente unidos, e o mundo conheça que tu me enviaste e os amaste como amaste a mim.

(Evangelho de João 17,1a.21-23)

Na sua prece pelos discípulos Jesus pede o precioso dom da unidade, porque sabia das divisões que costumam haver onde há poder, dinheiro e relevância. Quando propôs que os seus não buscassem os primeiros lugares, que aprendessem a ser os primeiros a servir os outros e a agir como se fossem os últimos, sabia das vaidades que atacam não apenas as empresas, os governos e os parlamentos, mas também a religião. Repreendeu duramente a mãe e os filhos que buscavam ser mais eleitos do que os demais (cf. Mt 20,21-23). São atitudes que separam.

Todo aquele que separa as pessoas e joga umas contra as outras, semeia preconceitos contra os irmãos da própria Igreja ou faz alguns se sentirem mais de Deus do que os outros, diminui quem não é do seu grupo, e corre o risco de pecar gravemente contra a unidade pela qual Jesus pediu ao Pai.

80

Diversidade de dons

Como, num só corpo, temos muitos membros, cada qual com uma função diferente, assim nós, embora muitos, somos em Cristo um só corpo e, cada um de nós, membros uns dos outros. Temos dons diferentes, segundo a graça que nos foi dada. É o dom de profecia? Profetizemos em proporção com a fé recebida. É o dom do serviço? Prestemos esse serviço. É o dom de ensinar? Dediquemo-nos ao ensino. É o dom de exortar? Exortemos. Quem distribui donativos, faça-o com simplicidade; quem preside, presida com solicitude; quem se dedica a obras de misericórdia, faça-o com alegria.

(Carta aos Romanos 12,4-8)

Somos todos competentes para pelo menos alguma função. Todos receberam o suficiente para se realizar, de acordo com a sua potencialidade. Não adianta alguém ser talentoso, mas acomodar-se, tirar de letra, não aprofundar e não trabalhar seriamente sobre os dez ou cinco talentos que recebeu. Não vai adiantar ser deste ou daquele grupo, deste ou daquele povo, orar em línguas, saber orar em voz alta e com palavras bonitas, nem ter expulsado demônios em nome do céu. Jesus diz que nada disso é garantia de salvação (cf. Mt 7,15-23). O talento que salva é o da justiça, o da caridade. Fazer uso dele para marketing pessoal é desvio de finalidade.

81

Deus importa-se conosco

Olhai os pássaros do céu: não semeiam, não colhem, nem guardam em celeiros. No entanto, o vosso Pai celeste os alimenta. Será que vós não valeis mais do que eles? E por que ficar tão preocupados com a roupa? Olhai como crescem os lírios do campo. Não trabalham, nem fiam. No entanto, eu vos digo, nem Salomão, em toda a sua glória, jamais se vestiu como um só dentre eles. Ora, se Deus veste assim a erva do campo, que hoje está aí e amanhã é lançada ao forno, não fará ele muito mais por vós?

(Evangelho de Mateus 6,26.28-30)

Aquele que nos criou não apenas nos colocou neste mundo, mas também se importa conosco e, quando precisamos, vai dar uma força extra para vivermos seu projeto. Não nos criou e depois abandonou. Criou e continua importando-se conosco. Se pedirmos, ele atenderá, porque Jesus disse com muita clareza que era para insistirmos: "Pedi e vos será dado! Procurai e encontrareis! Batei e a porta vos será aberta!" (Mt 7,7). Jesus garante que Deus atende, mas é preciso buscar e fazer a nossa parte. Precisamos também entender que nem sempre ele atende como queremos ser atendidos. Dá-se o mesmo com os filhos pequenos que pedem uma taça de sorvete quando gripados.

Deus nunca deixou de nos amar, embora exista gente que não corresponde à graça de Deus. Existem olhos que se fecham ante a luz do sol.

82

Sinais de santidade

Se amais somente aqueles que vos amam, que generosidade é essa? Até os pecadores amam aqueles que os amam. E se fazeis o bem somente aos que vos fazem o bem, que generosidade é essa? Os pecadores também agem assim. E se prestais ajuda somente àqueles de quem esperais receber, que generosidade é essa? Até os pecadores prestam ajuda aos pecadores, para receberem o equivalente. Amai os vossos inimigos, fazei o bem e prestai ajuda sem esperar coisa alguma em troca. [...] Sede misericordiosos como vosso Pai é misericordioso.

(Evangelho de Lucas 6,31-36)

O Senhor nos dê um coração cheio de pedagogia que faça nossas mãos se elevarem na hora certa e do jeito certo... E que os pés nos levem ao irmão que mais precisa. Estas coisas são bonitas de se dizer em poema, mas muito difíceis de fazer o tempo todo. Que nossa caridade seja eficaz, mesmo que não seja poética. Que nosso amor ao próximo não seja coisa de um dia ou de uma quinzena. Que tenhamos o difícil, mas santo hábito de ir ao encontro de quem precisa, ou de acolher quem quer de nós um minuto de atenção.

Quem faz isso algumas vezes está a caminho. Quem raramente dá um pouco de si ou dos seus bens está em retrocesso. Quem faz isso todos os dias e até procura os sofredores está mais perto do projeto do Reino. Há sinais de santidade naquele coração.

83

O clamor da natureza

Eu penso que os sofrimentos do tempo presente não têm proporção com a glória que há de ser revelada em nós. De fato, toda a criação espera ansiosamente a revelação dos filhos de Deus; pois a criação foi sujeita ao que é vão e ilusório, não por seu querer, mas por dependência daquele que a sujeitou. Também a própria criação espera ser libertada da escravidão da corrupção, em vista da liberdade que é a glória dos filhos de Deus. Com efeito, sabemos que toda a criação, até o presente, está gemendo como que em dores de parto, e não somente ela, mas também nós, que temos as primícias do Espírito, gememos em nosso íntimo, esperando a condição filial, a redenção de nosso corpo.

(Carta aos Romanos 8,18-23)

Em cada árvore que mata, em cada rio que polui, em cada metro de céu que suja, o ser humano morre junto. Sua qualidade de vida diminui. Também se vive menos quando não se sabe conviver com as águas e as matas. Cada floresta derrubada é um passo mortal a mais; é como serrar o galho no qual se está sentado. Não raro, porém, sucede que o tronco em agonia sobrevive ao madeireiro que o serrou.

Pelo que fez e desfez e por sua capacidade de interferir na Criação, o ser humano foi, é e será sempre um ser fora do comum. Como ele não há nenhum outro ser com tamanho potencial para construir ou destruir.

84

Sol e Lua

Outrora éreis trevas, mas agora sois luz no Senhor. Procedei como filhos da luz. E o fruto da luz é toda espécie de bondade e de justiça e de verdade. Discerni o que agrada ao Senhor e não tomeis parte nas obras estéreis das trevas, mas, pelo contrário, denunciai-as. Portanto, ficai bem atentos à vossa maneira de proceder. Procedei não como insensatos, mas como pessoas esclarecidas, que bem aproveitam o tempo presente, pois estes dias são maus. Não sejais sem juízo, mas procurai discernir bem qual é a vontade do Senhor.

(Carta aos Efésios 5,8-11.15-17)

Vale a pena refletir sobre os defeitos e as virtudes da Lua. É um planeta instável. Aparece e desaparece, cresce e diminui aos nossos olhos, não tem luz própria, mas influencia as marés, as águas, o plantio e até as pessoas. É um astro pequeno, mas influente. Daí, entre os povos, as palavras *mâmi* (medida), *mâs, mâh, menu, mêna, méne, mensis, mês, menstruação*... A raiz está em morrer, no renascer e nas mudanças que ela vive.

Assim é o ser humano. Iluminado, mas instável. Poderíamos, contudo, educar-nos para ser sempre como lua cheia ou lua nova. É a mesma Lua, mas muito mais plena, que reflete para a Terra, a quem está estreitamente ligada, a luz que o Sol lhe manda. Eis aí a ascese e uma excelente catequese a ser desenvolvida. Mesmo sem luz própria podemos iluminar este mundo!

85

Quem é esse Jesus?

Jesus e seus discípulos partiram para os povoados de Cesareia de Filipe. No caminho, ele perguntou aos discípulos: "Quem dizem as pessoas que eu sou?". Eles responderam: "Uns dizem João Batista; outros, Elias; outros ainda, um dos profetas". Jesus, então, perguntou: "E vós, quem dizeis que eu sou?". Pedro respondeu: "Tu és o Cristo".

(Evangelho de Marcos 8,27-29)

Quem é esse Jesus de quem se fala tanto, há tanto tempo e tantas coisas, muitos contra e muitos a favor? Não passa hora, nem minuto, nem segundo, sem que alguém se lembre dele e o chame de Senhor! Ninguém disse o que ele disse nem do jeito que ele disse, quem é esse Jesus?

Quem é esse Jesus que andou pelas aldeias semeando mil ideias e do Pai mostrou-se porta-voz? Fez os santos, os profetas e os doutores, converteu os pecadores, não deixou ninguém a sós. Tamanha é sua paz, tão grande a força dos sinais que foi deixando, que prossegue transformando quem se deixa transformar! Com palavras decididas resgatou milhões de vidas, quem é esse Jesus?

Por causa dele nova história foi escrita, não há vida mais bonita do que a deste sofredor! Nele a morte foi vencida ao morrer naquela cruz. Poderoso e mais que forte, poderoso até na morte, quem é esse Jesus?

86

Jesus de Nazaré

Saindo dali, Jesus foi para sua própria terra. Seus discípulos o acompanhavam. No sábado, ele começou a ensinar na sinagoga, e muitos dos que o ouviam se admiravam. "De onde lhe vem isso?", diziam. "Que sabedoria é esta que lhe foi dada? E esses milagres realizados por suas mãos? Não é ele o carpinteiro, o filho de Maria, irmão de Tiago, José, Judas e Simão? E suas irmãs não estão aqui conosco?". E mostravam-se chocados com ele. E Jesus se admirava da incredulidade deles.

(Evangelho de Marcos 6,1-3.6a)

É bom que saibamos que Jesus, no seu tempo, não foi um personagem famoso. Sua pregação se passou num raio de poucos quilômetros de sua cidade. Falou mais para os aldeões do que para os habitantes das grandes cidades. Jesus aconteceu aos pouco no coração das pessoas que foram ouvindo e decidindo se acreditavam ou não. Milhões acreditaram sem pensar e outros milhões sabiam muito bem em que acreditaram.

Nada mudou. Jesus continua um dos personagens mais falados e controvertidos da história. São milhões os que o seguem pelo que ele faz e não por quem ele é. Um imenso número de crentes não conseguiriam repetir vinte frases dele. O que os levou a Jesus foi o sentimento e não o pensamento. Não pensam como Jesus pensou! E isso dificulta a tarefa de amar como Jesus amou.

87

Pacífico e fraterno

Jesus tomou a firme decisão de partir para Jerusalém. Enviou então mensageiros à sua frente, que se puseram a caminho e entraram num povoado de samaritanos, para lhe preparar hospedagem. Mas os samaritanos não o queriam receber, porque mostrava estar indo para Jerusalém. Vendo isso, os discípulos Tiago e João disseram: "Senhor, queres que mandemos descer fogo do céu, para que os destrua?". Ele, porém, voltou-se e os repreendeu. E partiram para outro povoado.

(Evangelho de Lucas 9,51b-56)

Jesus nunca usou de armas nem de violência. Falou claro que quem o seguisse teria felicidade, mas teria também muito sofrimento. Nunca fez marketing mentiroso do caminho que propunha.

Jesus deixa claro que a busca da paz deve ser a nossa identidade, o Pai não aceita violência. Por isso, não deixa que os seus discípulos andem armados: quer o perdão setenta vezes sete (cf. Mt 18,22); condena a vingança e diz que, se alguém quiser vencer, tem que aprender a perder. Diz que nem sempre o vitorioso é o sujeito que está no auge do sucesso; o que crucifica nem sempre é o vencedor. O crucificado vence e o crucificador perde.

88

Novo rosto de Deus

No amor não há medo. Ao contrário, o perfeito amor lança fora o medo, pois o medo implica castigo, e aquele que tem medo não chegou à perfeição do amor. Nós amamos, porque ele nos amou primeiro. Se alguém disser: "Amo a Deus", mas odeia o seu irmão, é mentiroso; pois quem não ama o seu irmão, a quem vê, não poderá amar a Deus, a quem não vê. E este é o mandamento que dele recebemos: quem ama a Deus, ame também seu irmão.

(Primeira Carta de João 4,18-21)

Há mães que, para controlar os seus pequenos, dizem que no canto perigoso ou escuro da casa ou lá fora no mundo há um bicho feio que vai devorá-los. Instilam medo e assim eles lhes obedecem. Há pregadores que fazem o mesmo. Inventam demônios que só eles sabem expulsar. É uma forma de controlar quem não sabe o quanto Deus o ama.

Jesus muda de maneira marcante o conceito que, até então, se fazia de Deus. Vem com um novo rosto e quer um novo rosto para o Pai e para ele, o Filho. Por isso diz que ele sabe quem Deus é. Deus é misericórdia e se compadece. Na pessoa dele próprio, Deus desceu para elevar o ser humano ferido. Agora, mesmo pecadores, somos abençoados por quem nos ama, apesar de nossos erros.

89

Cruz: um sinal de amor

Com efeito, quando éramos ainda fracos, foi então, no devido tempo, que Cristo morreu pelos ímpios. Dificilmente alguém morrerá por um justo; por uma pessoa muito boa, talvez alguém se anime a morrer. Pois bem, a prova de que Deus nos ama é que Cristo morreu por nós, quando éramos ainda pecadores. Muito mais agora que já estamos justificados pelo sangue de Cristo, seremos salvos da ira, por ele. Se, quando éramos inimigos de Deus, fomos reconciliados com ele pela morte de seu Filho, quanto mais agora, estando já reconciliados, seremos salvos por sua vida!

(Carta aos Romanos 5,6-10)

Sem a cruz não há Jesus. Não faz sentido uma cruz sem Cristo. Ninguém em sã consciência pede para sofrer e carregar a cruz. Jesus não pediu (cf. Mt 26,39), mas aceitou. Simão Cirineu também não pediu. Mas, chamado, ainda que forçado, a levar a de outro que era o próprio Jesus, Simão a levou.

A cruz de Cristo nos lembra não onde Jesus está, mas onde ele esteve e de que jeito ele nos salvou. Somos uma Igreja que cultiva a fé com gratidão. Não é porque ele foi para o Pai que jogaremos fora o sinal de seu amor por nós.

90

A vitória da cruz

Jesus disse aos discípulos: "Se alguém quer vir após mim, renuncie a si mesmo, tome sua cruz e siga-me. Pois quem quiser salvar sua vida a perderá; e quem perder sua vida por causa de mim a encontrará. De fato, que adianta a alguém ganhar o mundo inteiro, se perde a própria vida? Ou que poderá alguém dar em troca da própria vida? Pois o Filho do Homem virá na glória do seu Pai, com os seus anjos, e então retribuirá a cada um de acordo com a sua conduta".

(Evangelho de Mateus 16,24-27)

Jesus rima com luz, mas também rima com cruz. Para nós, a cruz lembra martírio, altruísmo, coragem de morrer pelos outros, entrega total e vitória sobre o sofrimento, porque não cremos em dor sem resposta nem em morte sem ressurreição.

Jesus sempre deixou claro que a dor, a derrota, o sofrimento não devem assustar quem o segue. Sua ênfase na ressurreição e na superação é que dá origem às nossas igrejas. Cremos que o derrotado se recuperará, o crucificado ressuscitará, o perdedor inocente terá mais a dizer do que aqueles que o martirizam. Ninguém mais se lembra daqueles que mataram Jesus. Quando são lembrados não somam.

91

Nem sempre ele intervém

O tentador aproximou-se e disse-lhe: "Se és Filho de Deus, manda que estas pedras se transformem em pães!". Jesus respondeu: "Está escrito: 'Não se vive somente de pão, mas de toda palavra que sai da boca de Deus'". Então, o diabo o levou à Cidade Santa, colocou-o no ponto mais alto do templo e disse-lhe: "Se és Filho de Deus, joga-te daqui abaixo! Pois está escrito: 'Ele dará ordens a seus anjos a teu respeito, e eles te carregarão nas mãos, para que não tropeces em alguma pedra'". Jesus lhe respondeu: "Também está escrito: 'Não porás à prova o Senhor teu Deus!'".

(Evangelho de Mateus 4,3-7)

Em muitos casos, ao contrário do que muitos pregadores cristãos anunciam, Jesus não muda os fatos, nem cura, nem nos livra dos acontecimentos: ele nos ensina a dar sentido às coisas. Ele mesmo não mudou a cruz; morreu, mas deu-lhe um sentido.

Sou da convicção de que Jesus não veio ao mundo para dar espetáculos de poder sobre demônio, ou de curas e de milagres. Fez isso com o menor alarde possível. O que ele veio fazer, e o fez magistralmente, foi ensinar-nos a não perder o foco, a não esquecer o passado, a não desperdiçar o presente e a não perder a esperança do amanhã.

O Filho eterno veio nos dizer que não devemos temer nem o nosso passado nem o nosso futuro. Ele passou por aqui e mostrou com sua vida que, apesar dos pesares, o ser humano pode e vai dar certo.

92

O céu existe

Falamos da misteriosa sabedoria de Deus, a sabedoria escondida que, desde a eternidade, Deus destinou para nossa glória. Nenhum dos poderosos deste mundo a conheceu. Pois, se a tivessem conhecido, não teriam crucificado o Senhor da glória. Mas, como está escrito, "o que Deus preparou para os que o amam é algo que os olhos jamais viram, nem os ouvidos ouviram, nem coração algum jamais pressentiu".

A nós, Deus revelou esse mistério por meio do Espírito. Pois o Espírito sonda tudo, mesmo as profundezas de Deus.

(Primeira Carta aos Coríntios 2,7-10)

Minha fé me diz que o céu existe e minha esperança me afirma que Jesus, na sua misericórdia, salvou meus familiares, irmãos e cunhados. Eles agora conhecem o Jesus de quem ouviram falar nos templos que frequentaram. Nele, com ele e por ele habitam agora, no seio da Santíssima Trindade. É o que aprendi. Como é isso, só eles sabem. Eu apenas creio; não posso provar! Estou com Paulo de Tarso quando afirmava, sobre a experiência de morrer em Cristo, que Jesus veio ao mundo para nos ensinar a viver, a conviver e a morrer: "Porque para mim o viver é Cristo, e o morrer é lucro" (Fl 1,21).

93

O olhar da fé

Se Deus é por nós, quem será contra nós? Quem nos separará do amor de Cristo? Tribulação, angústia, perseguição, fome, nudez, perigo, espada? Pois está escrito: "Por tua causa somos entregues à morte, o dia todo; fomos tidos como ovelhas destinadas ao matadouro". Mas, em tudo isso, somos mais que vencedores, graças àquele que nos amou. Tenho certeza de que nem a morte, nem a vida, nem os anjos, nem os principados, nem o presente, nem o futuro, nem as potências, nem a altura, nem a profundeza, nem outra criatura qualquer será capaz de nos separar do amor de Deus, que está no Cristo Jesus, nosso Senhor.

(Carta aos Romanos 8,31b.35-39)

As notícias de terremotos devastadores, enchentes e tsunamis que tudo arrasam, as milhares de mortes por catástrofes da natureza ou por maldade humana, que sempre suscitaram, em milhares de púlpitos, novos anúncios de fim de mundo, a nós não assustam. Não nos tira a certeza de que Deus sabe o que fazer com a vida, com a dor, com a morte e com as consequências das maldades humanas.

A visão humana é de curto alcance. Onde não vemos perspectivas, entra a nossa fé em Jesus Cristo, que nos trouxe o descortino e a certeza de que ele estaria conosco, não importa o que nos acontecesse: "Eis que estou convosco todos os dias, até a consumação dos séculos" (Mt 28,20). Escolhemos este modo otimista de olhar para o futuro.

94

A mística do riacho

Quem dentre vós é sábio e inteligente? Mostre, por seu bom procedimento, que ele age com a mansidão que vem da sabedoria. Onde há inveja e rivalidade, aí estão as desordens e toda espécie de obras más. A sabedoria, porém, que vem do alto é, antes de tudo, pura, depois pacífica, modesta, conciliadora, cheia de misericórdia e de bons frutos, sem parcialidade e sem fingimento. O fruto da justiça é semeado na paz, para aqueles que promovem a paz.

(Carta de Tiago 3,13.16-18)

Riachos são persistentes. Conhecem a arte de contornar barreiras e montanhas. O ontem pequeno filete não as vencerá, mas assim mesmo vencerá porque saberá achar o seu caminho. Para um riacho não há empecilhos incontornáveis. Represem-no como quiserem: ele achará um jeito de prosseguir. Riachos conhecem a persistência. Demos a eles o nome que quisermos dar: dique, lagoa, represa, reclusas, rio, mas é ele.

De todas as místicas, a do riacho é uma das mais eficazes. Ele ensina a arte de enfrentar, superar, passar por cima ou contornar. Mas só passa por cima quando não lhe deixam espaço para prosseguir. Ele mais soma e contorna do que destrói. Passar por cima é mística de guerra. Coisa de egoístas. Contornar é mística de paz. Aprendamos com as águas pequenas, aprendamos da sua mística. Fomos feitos para prosseguir e repousar no infinito.

95

Uma obra preciosa

Eis a minha convicção: Aquele que começou em vós tão boa obra há de levá-la a bom termo, até o dia do Cristo Jesus. É justo que eu pense isto a respeito de todos vós, pois vos trago no coração. Deus é testemunha de que tenho saudades de todos vós, com a ternura do Cristo Jesus. E isto eu peço a Deus: que o vosso amor cresça ainda, e cada vez mais, em conhecimento e em toda percepção, para discernirdes o que é melhor. Assim, estareis puros e sem nenhuma culpa para o dia de Cristo, cheios do fruto da justiça que nos vem por Jesus Cristo, para a glória e louvor de Deus.

(Carta aos Filipenses 1,6-7a.8-11)

Quando um vaso bonito se quebra, em geral o oleiro joga os pedaços no lixo e faz outro. Quando um vaso único e precioso se quebra, o oleiro o restaura e renova com outros reparos. Quando uma obra-prima se quebra, o artista pacientemente a refaz de tal maneira que nem percebe que se quebrara.

Deus faz isso. Ele não sabe jogar fora. O Criador refaz o ser humano que aceita ser refeito. Somos suas obras-primas. O Deus que faz, refaz. O Deus que cria, recria.

Aleluia, pecadores. Nós temos conserto!

96

O céu de Deus

Nem todo aquele que me diz: "Senhor! Senhor!", entrará no Reino dos Céus, mas só aquele que põe em prática a vontade de meu Pai que está nos céus. Naquele dia, muitos vão me dizer: "Senhor, Senhor, não foi em teu nome que profetizamos? Não foi em teu nome que expulsamos demônios? E não foi em teu nome que fizemos muitos milagres?". Então, eu lhes declararei: "Jamais vos conheci. Afastai-vos de mim, vós que praticais a iniquidade".

(Evangelho de Mateus 7,21-23)

Se eu for para o céu, e espero que Deus tenha pena de mim e me dê esta graça, se eu for para o céu, tenho certeza de que terei companhia.

Creio e afirmo que o céu existe e tenho certeza de que lá no céu estão todas as pessoas que souberam amar e ser amadas. Tenho certeza absoluta de que no céu existe gente de todas as religiões e também muitos ateus. Quem sou eu para dizer a Deus quem ele deve levar para o céu?

Não vou ficar pregando e dizendo quem vai ou não para o céu. Já poderei me dar por realizado e feliz se eu conseguir entrar, não apenas porque fui católico, mas porque pedi perdão e perdoei e ajudei as pessoas do jeito que eu podia.

97

Encontro no céu

Jesus disse: "Em verdade vos digo que os publicanos e as prostitutas vos precedem no Reino de Deus. Pois João veio até vós, caminhando na justiça, e não acreditastes nele. Mas os publicanos e as prostitutas creram nele. Vós, porém, mesmo vendo isso, não vos arrependestes, para crer nele".

(Evangelho de Mateus 22,31b-32)

Se eu for para o céu, vou conhecer líderes e seguidores das mais diversas religiões que este planeta já conheceu. Provavelmente teremos uma boa conversa sobre o que é seguir uma religião. Eles me falarão das coisas em que acreditaram aqui na terra e de como Deus foi mudando seu pensamento e seu coração aos poucos. Eu lhes contarei como foi meu processo de me tornar católico. A conversa provavelmente será muito bonita e muito longa. Então eu conhecerei um pouco mais sobre todas as religiões que já passaram por este planeta.

Se eu for para o céu, tenho certeza de que encontrarei lá ex-drogados, ex-assassinos, ex-prostitutas, ex-ladrões arrependidos. E encontrarei também aqueles que foram bons a vida inteira. Teremos oportunidade de falar, sem a pressa daqui, sobre a experiência de vida de cada um e sobre como Deus foi, pouco a pouco, convertendo-os, até que os tornou pessoas abertas à sua graça.

98

Um Deus para o meu grupo

Eu, prisioneiro no Senhor, vos exorto a levardes uma vida digna da vocação que recebestes: com toda humildade e mansidão, e com paciência, suportai-vos uns aos outros no amor, solícitos em guardar a unidade do Espírito pelo vínculo da paz. Há um só corpo e um só Espírito, como também é uma só a esperança à qual fostes chamados. Há um só Senhor, uma só fé, um só batismo, um só Deus e Pai de todos, acima de todos, no meio de todos e em todos. No entanto, a cada um de nós foi dada a graça conforme a medida do dom de Cristo.

(Carta aos Efésios 4,1-7)

Pelo que eu tenho visto aqui neste planetinha, há um tipo de gente que, se eu for para o céu, eu provavelmente não vou encontrar lá. Ou vão estar em alguma porta de entrada, negando-se a entrar. Porque aqui na terra se acharam mais santos do que os outros e nunca aceitaram se misturar. Talvez se convertam antes, mas se forem para lá provavelmente quererão ficar no canto deles, cantando seus cantos e não os dos anjos nem os dos outros, ouvindo seus pregadores particulares porque os outros não servirão. Não se misturarão com ex-ateus, ex-prostitutas ou gente de outras religiões que eles combateram. Não sei como vai ser, mas pelo que vejo aqui na terra vão querer um Deus só para eles no céu. Como Deus teimosamente quer o céu para todo mundo – disso eu tenho certeza –, eles não vão querer entrar!

99

Os dois riscos da cruz

Meus irmãos, que adianta alguém dizer que tem fé, quando não tem as obras? A fé seria capaz de salvá-lo? Imaginai que um irmão ou uma irmã não têm o que vestir e que lhes falta a comida de cada dia; se então algum de vós disser a eles: "Ide em paz, aquecei-vos" e "Comei à vontade", sem lhes dar o necessário para o corpo, que adianta isso? Assim também a fé: se não se traduz em ações, por si só está morta. Pelo contrário, assim é que se deve dizer: "Tu tens a fé, e eu tenho obras! Mostra-me a tua fé sem as obras, que eu te mostrarei a minha fé a partir de minhas obras!".

(Carta de Tiago 2,14-18)

Dois riscos tem a cruz, e lembram ao cristão, grato a Jesus por ter morrido por nós e ressuscitado, que devemos alternar entre olhar para o céu e olhar para a terra; lembram que devemos buscar no alto a nossa fonte e, depois, como um aqueduto, distribuir seu conteúdo aos irmãos.

Por isso, aqueles braços abertos representam o horizontal que traduz a preocupação com o mundo que queremos abraçar. O vertical representa o pé na terra e a cabeça no céu, gestos de quem olha ao redor, sobe, procura as coisas melhores e caminha para o futuro. Há um Cristo que nos espera. Enquanto ele nos espera, nos ilumina, nos enviando o Santo Espírito, para que aqui abramos os nossos braços acolhendo quem precisa.

100

Conhecer a Igreja

Quanto a ti, permanece firme naquilo que aprendeste e aceitaste como verdade. E sabes de quem o aprendeste! Desde criança conheces as Escrituras Sagradas. Elas têm o poder de te comunicar a sabedoria que conduz à salvação pela fé no Cristo Jesus. Toda Escritura é inspirada por Deus e é útil para ensinar, para argumentar, para corrigir, para educar conforme a justiça. Assim, a pessoa que é de Deus estará capacitada e bem preparada para toda boa obra.

(Segunda Carta a Timóteo 3,14-17)

Quem não conhece bem a Igreja cairá sempre na tentação de abandoná-la a cada vez que ficar difícil viver a sua proposta. Estudar religião é, pois, uma atitude inteligente e santa. Pregá-la sem estudar é temeridade. É como dar aulas de matemática e de astrofísica sem tê-las estudado. Vai confundir matemática com números, aumento, acúmulo, soma ou divisão, quando ela é muito mais do que isso...

Mínimo de conhecimento. Quem não sabe o mínimo necessário sobre sua fé precisa estudá-la de novo, se deseja ser uma pessoa honesta para consigo mesma, para com Deus e para com a Igreja, da qual afirma ser adepto. Há uma lacuna na sua formação que precisa ser preenchida.

Cronologia da vida do Pe. Zezinho, scj

1941 Em 8 de junho, nasce José Fernandes de Oliveira, em Machado (MG). Filho de Valdivina e Fernando de Oliveira, é o caçula de seis irmãos. Quando tinha dois anos de idade, sua família mudou-se para Taubaté (SP), onde conheceu os Padres Dehonianos, da Congregação do Sagrado Coração de Jesus.

1953 Aos 12 anos de idade, em 2 de fevereiro, ingressa no Seminário dos Padres Dehonianos, logo após o falecimento do pai.

1964 Começou a compor suas primeiras canções.

1966 Em 21 de setembro é ordenado sacerdote na Congregação dos Padres do Sagrado Coração de Jesus, em Milwaukee, Wisconsin (Estados Unidos), onde estudou Teologia, Comunicação Social e Psicologia.

1967 Volta para o Brasil e começa a trabalhar na Paróquia São Judas, em São Paulo.

1969 Grava *Shalom*, seu primeiro compacto, pela Paulinas-COMEP.

1970 Publica o primeiro livro, *Alicerce para um mundo novo*, por Paulinas Editora.

1980 A pedido de seu provincial, começa a dar aulas de Prática e Crítica de Comunicação no Instituto Teológico Sagrado Coração de Jesus, hoje Faculdade Dehoniana, em Taubaté (SP).

1994 Inaugura o programa *Palavras que não passam*, na Rede Vida, aos sábados. Em 2003, o programa passa para a TV Século XXI.

2010 Recebe a indicação para concorrer ao Grammy Latino na categoria "Melhor Álbum de Música Cristã em Português".

Referências bibliográficas

ZEZINHO, Pe. [José Fernandes de Oliveira]. *Palavras que não passam*. São Paulo: Paulinas, 2003.

_____. *Apenas um rio que passa*. Reflexões e poemas. 2. ed. São Paulo: Paulinas, 2005.

_____. *Adolescentes em busca de si*. 2. ed. São Paulo: Paulinas, 2007.

_____. *Meu jeito de ser católico*. Catequeses, pensamentos e anedotas. São Paulo: Paulinas, 2007.

_____. *Da família sitiada à família situada*. Pais e filhos em busca de um conceito. 2. ed. São Paulo: Paulinas, 2011.

_____. *De volta ao catolicismo*. 7. ed. São Paulo: Paulinas, 2011.

_____. *Maria do jeito certo*. Reflexões e entrevistas. 3. ed. São Paulo: Paulinas, 2011.

_____. *Um rosto para Jesus Cristo*. 3. ed. São Paulo: Paulinas, 2011.

_____. *Orar e pensar como família*. 6. ed. São Paulo: Paulinas, 2012.

_____. *Ser um entre bilhões: leituras de alter ajuda*. A mística dos últimos lugares. São Paulo: Paulinas, 2012.

_____. *Juventude: crises, cruzes e luzes*. 2. reimp. São Paulo: Paulinas, 2013.

Sumário

Introdução 5
1. Palavras que não passam 7
2. Pedido de perdão 8
3. Felicidade é plenitude 9
4. Prazer e felicidade 10
5. O Jesus que eu nunca vi 11
6. Veio para servir 12
7. Testemunhas da fé 13
8. Ver além do horizonte 14
9. Cheia de graça 15
10. Graciosa 16
11. Infidelidades 17
12. Intercessores 18
13. Oremos uns pelos outros 19
14. O homem Jesus 20
15. Filho de Deus 21
16. Amar como Jesus amou 22
17. Amor infinito 23
18. Jesus chorou 24
19. Creio na ressurreição 25
20. A vida continua 26
21. O caminho da santidade 27
22. Vocação 28
23. Criou-nos para sermos felizes 29
24. A medida é o amor 30
25. Justiça e misericórdia 31
26. Maria: iluminada e iluminadora 32
27. A graça do casamento 33
28. Amor e paixão 34
29. De que é feito o casamento 35
30. Casamento planejado 36

31. Amor e cumplicidade 37
32. Casamento ancorado em Deus 38
33. Pequenos diante de Deus...39
34. Humildade 40
35. Dai-lhes de comer...41
36. Jesus presente no pão 42
37. Coração generoso 43
38. Maria intercede por nós.. 44
39. O amor é eterno 45
40. Santidade: compaixão e solidariedade 46
41. Precisamos uns dos outros..47
42. Crises e cruzes 48
43. Filho: um presente de Deus..49
44. Carinho e atenção 50
45. Perdoe-me! Desculpe-me!...51
46. A bicicleta da vida..52
47. Viver é como andar de bicicleta 53
48. A saúde da família 54
49. Deus é glorificado nos seus santos 55
50. A caminho da santidade 56
51. A mística da bênção..57
52. Filhos abençoados 58
53. Abençoados e abençoadores..59
54. Ombro e colo 60
55. Escola de pais...61
56. Augúrios à família 62
57. Família que ora, melhora!...63
58. O amor requer cultivo 64
59. O cuidado da vida familiar...65
60. Preces por um matrimônio 66
61. Ser o primeiro é ser servidor 67
62. Quem é o vitorioso?... 68
63. O criador e sua obra...69
64. Mente e coração arejados..70

65. Discordar sem discórdia 71
66. Paz que muda o mundo 72
67. Cultura da paz 73
68. Há lugar para todos 74
69. O caminho é Jesus 75
70. Aperfeiçoar a visão 76
71. Em tuas mãos 77
72. O religioso 78
73. Ele está no meio de nós 79
74. As guerras e a fome no mundo 80
75. Ternura e misericórdia 81
76. O colo de Deus 82
77. Abertura para os outros 83
78. O desafio de amar 84
79. Oração pela unidade 85
80. Diversidade de dons 86
81. Deus importa-se conosco 87
82. Sinais de santidade 88
83. O clamor da natureza 89
84. Sol e Lua 90
85. Quem é esse Jesus? 91
86. Jesus de Nazaré 92
87. Pacífico e fraterno 93
88. Novo rosto de Deus 94
89. Cruz: um sinal de amor 95
90. A vitória da cruz 96
91. Nem sempre ele intervém 97
92. O céu existe 98
93. O olhar da fé 99
94. A mística do riacho 100
95. Uma obra preciosa 101
96. O céu de Deus 102
97. Encontro no céu 103
98. Um Deus para o meu grupo 104

99. Os dois riscos da cruz 105
100. Conhecer a Igreja 106
Cronologia da vida do Pe. Zezinho, scj 107
Referências bibliográficas 108